68,-
'92

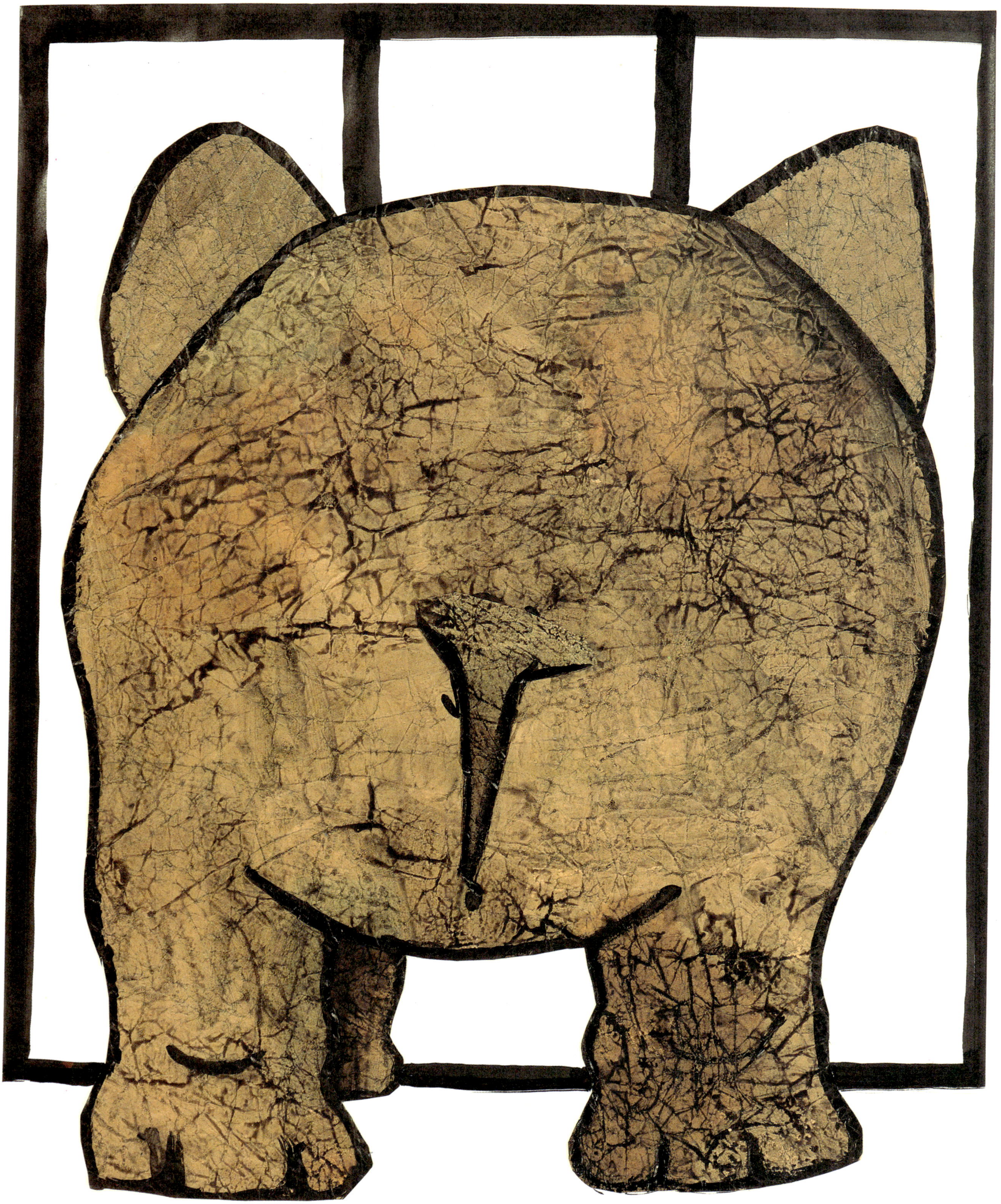

Tomi Ungerer's Tierleben

Diogenes

Das Vorwort wurde
von Ursula Vogel
ins Deutsche übertragen

Alle Rechte vorbehalten
Copyright © 1990
Diogenes Verlag AG Zürich
30/90/21/1
ISBN 3 257 02033 3

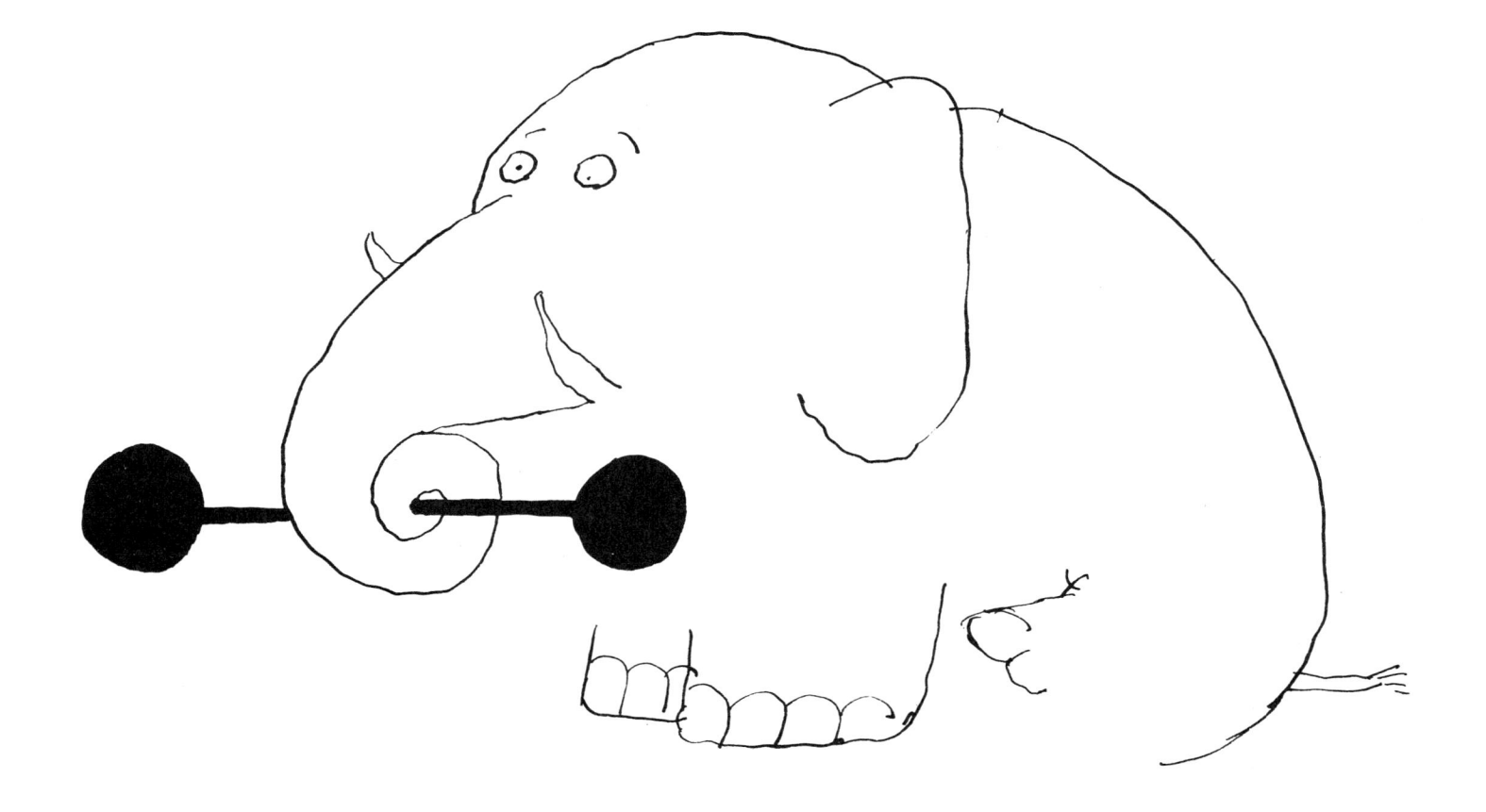

Das Interesse für die Natur, Liebe zu Tieren und Respekt vor ihnen werden dem Menschen in frühester Jugend eingepflanzt.

Meine Mutter betrachtete jedes Lebewesen, sei es ein Tier oder eine Pflanze, als ein Wunder der Schöpfung. Überhaupt herrschte in unserer Familie eine starke Verbundenheit mit der Natur, was meine ganze Kindheit prägte. Schon als kleiner Junge galt meine besondere Leidenschaft den Vögeln. Damals gab es noch kein Fernsehen und also auch nicht die heute gängigen klischeehaften Sendungen über das Verhalten der Tiere. Um so besser, denn wieviel spannender ist es doch, mutterseelenallein im Wald auf Beobachtungsposten zu sitzen! Nie werde ich meine Aufregung vergessen, als ich einmal einen Kleiber aus nächster Nähe zu sehen bekam: wie er den Lehm in seinem Schnabel herbeischleppte, um die Wände seiner Baumhöhle zu verkleistern, wie er eine Haselnuß in einer Ritze der Fichtenrinde verkeilte, um sie dann aufzupicken und zu verspeisen, wie drollig es aussah, wenn er mit dem Kopf nach unten den Stamm nach Insekten abklopfte. Was hätte ich nicht darum gegeben, einen Feldstecher zu besitzen!

In der Schule prügelte ich mich oft mit meinen Kameraden, weil sie den Fliegen die Flügel ausrissen oder sie in einen Käfig einsperrten, einen selbstgebastelten Fliegenkäfig, dessen Gitterstäbe aus Nähnadeln bestanden, die oben und unten in je einer Korkscheibe steckten.

Ich rettete das Leben der Tierchen, die in einer Pfütze ertranken, ich war der barmherzige Samariter der Insekten. Bernard, mein großer Bruder, brachte mich darauf, die Tiere durch eine Lupe zu betrachten. Eine

Szene, die ich durch das Vergrößerungsglas mitansah, hat sich mir unauslöschlich eingeprägt: Ein Trupp von Ameisen hatte einen kleinen Käfer überfallen. Als sie ihr Opfer, das sich tapfer zur Wehr setzte, nicht unterkriegen konnten, holten sie einen Grashalm herbei, fesselten den Käfer und schleppten ihn dann in ihr Vorratslager ab.

Ich finde es einfach faszinierend, was für ausgepichte Feinschmecker unsere Brüder aus der Tierwelt sind. In keinem Schlemmerrestaurant ist mir je ein Mensch begegnet, der mit solcher Genüßlichkeit zu speisen versteht wie der Igel, der sich den Ranzen mit Schnecken vollschlägt, oder die Spinne, die sich an die im Netz zappelnde Fliege heranpirscht, um die köstlichen Säfte ihres Opfer zu schlürfen.

Übrigens besitzt die Spinne oft acht Augen, und man bestimmt ihre Zugehörigkeit zu dieser oder jener Art aufgrund ihrer Anordnung am Kopf. Für jedes Bein ein eigenes Auge? Die Natur läßt sich nicht lumpen!

Ich bin eine Sammlernatur, ich sammle Statistiken, seltsame Verhaltensweisen, überhaupt Absonderliches aus dem Tierreich. So finde ich es zum Beispiel bemerkenswert, daß eine amerikanische Mottenlarve während der ersten 48 Stunden ihres Lebens das 86000fache ihres Eigengewichts verschlingt, oder daß das längste Tier der Welt nicht der Wal ist, sondern der Schnurwurm, der bis zu 50 Meter messen kann, daß der Dinosaurier zwei Gehirne besaß, nämlich das Haupthirn, das natürlich seinen Sitz im Kopf hatte, und das Nebenhirn, das im Hinterleib als Schaltstelle diente, damit die Befehle bis zum Schwanz gelangten.

Als Farmer stehe ich auf vertrautem Fuß mit allen Tieren, die bei uns leben. Da sie immer greifbar sind, lassen sie sich leichter beobachten und zeichnen. Am liebsten zeichne ich Katzen, Hunde, Pferde und Schweine.

Seit dem Großmeister der Karikatur, Ignace Isidore Gérard Grandville, sind die Tiere aus Satire und Werbung nicht mehr wegzudenken.

Ich liebe Tiere, aber ich treibe keinen Kult mit ihnen. Wir können viel von ihnen lernen, sie aber nichts von uns. Sie gehen nicht in die Kirche, sie gehören keiner politischen Partei an, und ihre Philosophie beschränkt sich auf eine Strategie des Überlebens. Manchmal beneide ich sie, dann und wann fühle ich mich ihnen sehr nahe, obwohl ich genau weiß, daß sie eigentlich keinem Menschen trauen sollten. Ich tue nichts weiter, als sie auf meine Art zu zeichnen. Mein Bleistift tritt an die Stelle des Jagdgewehrs, und statt der Spritze, die ihnen der Wissenschaftler im Labor verabreicht, benutze ich meine Feder.

Tomi Ungerer

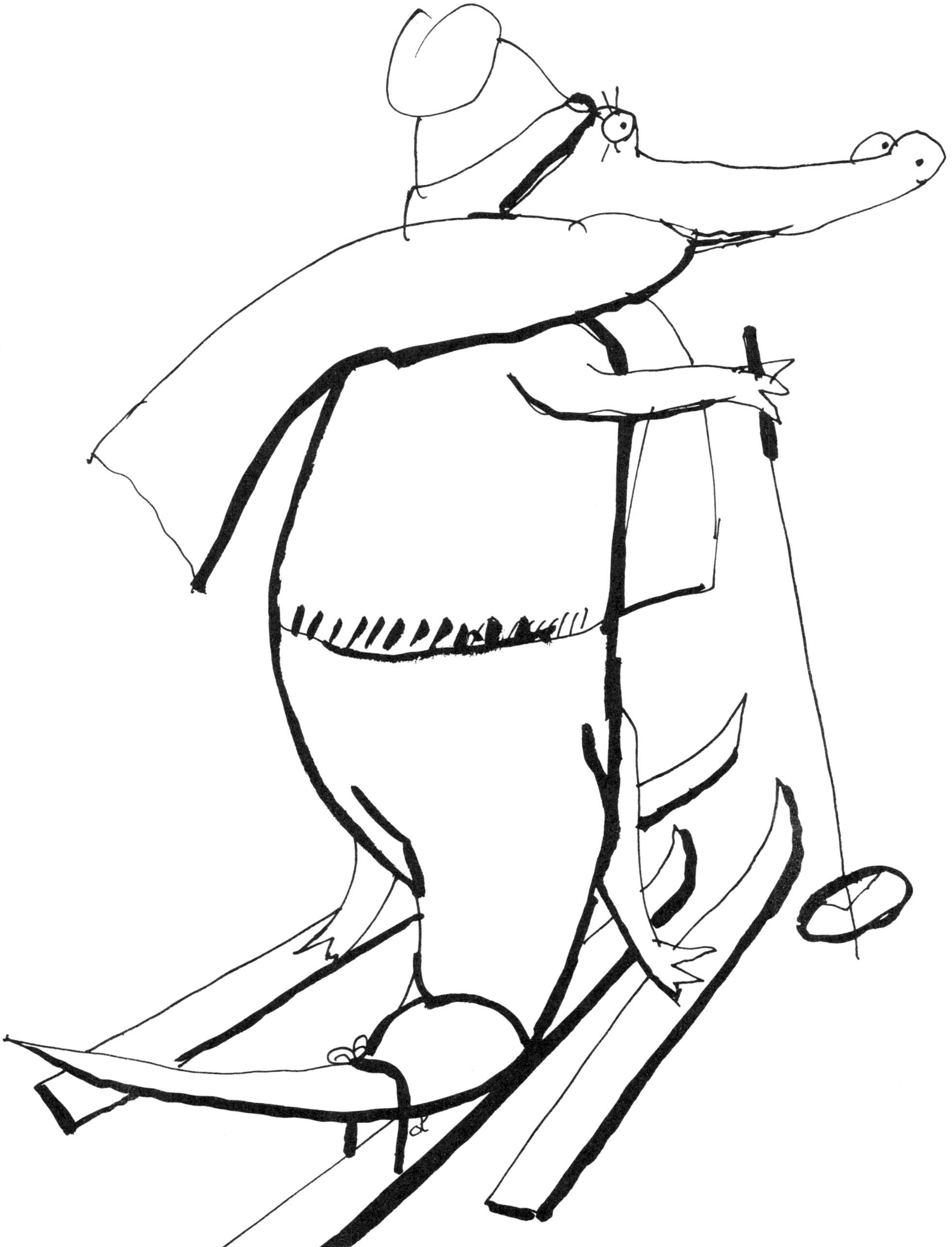

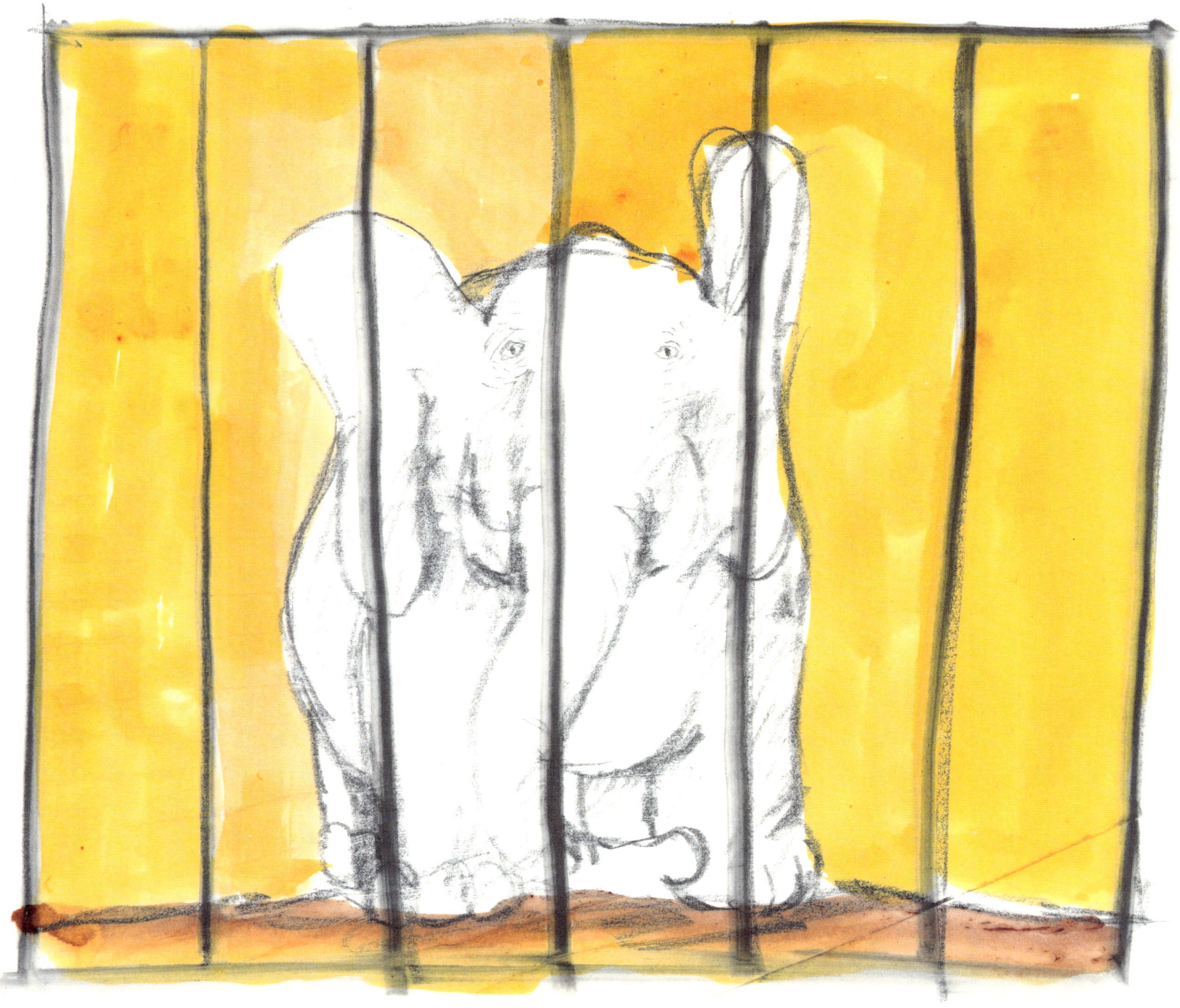

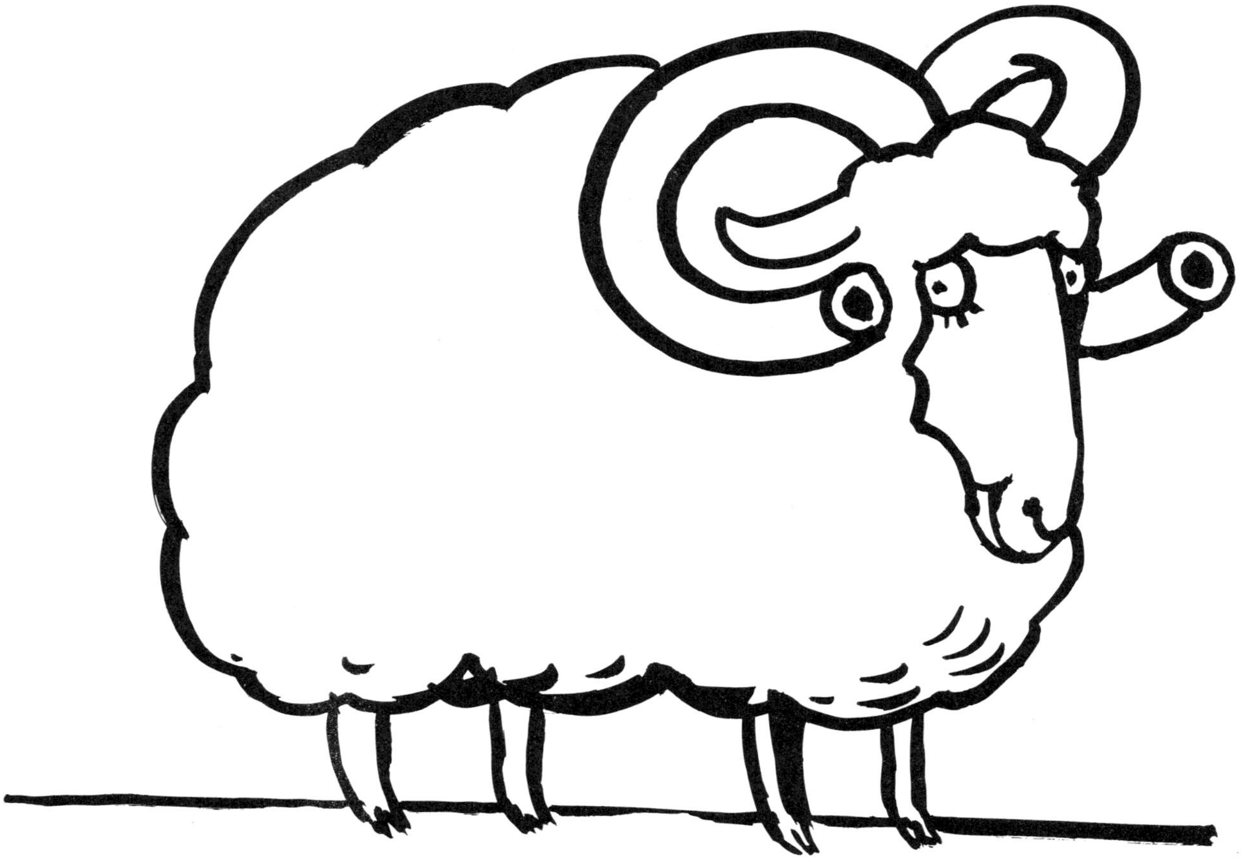

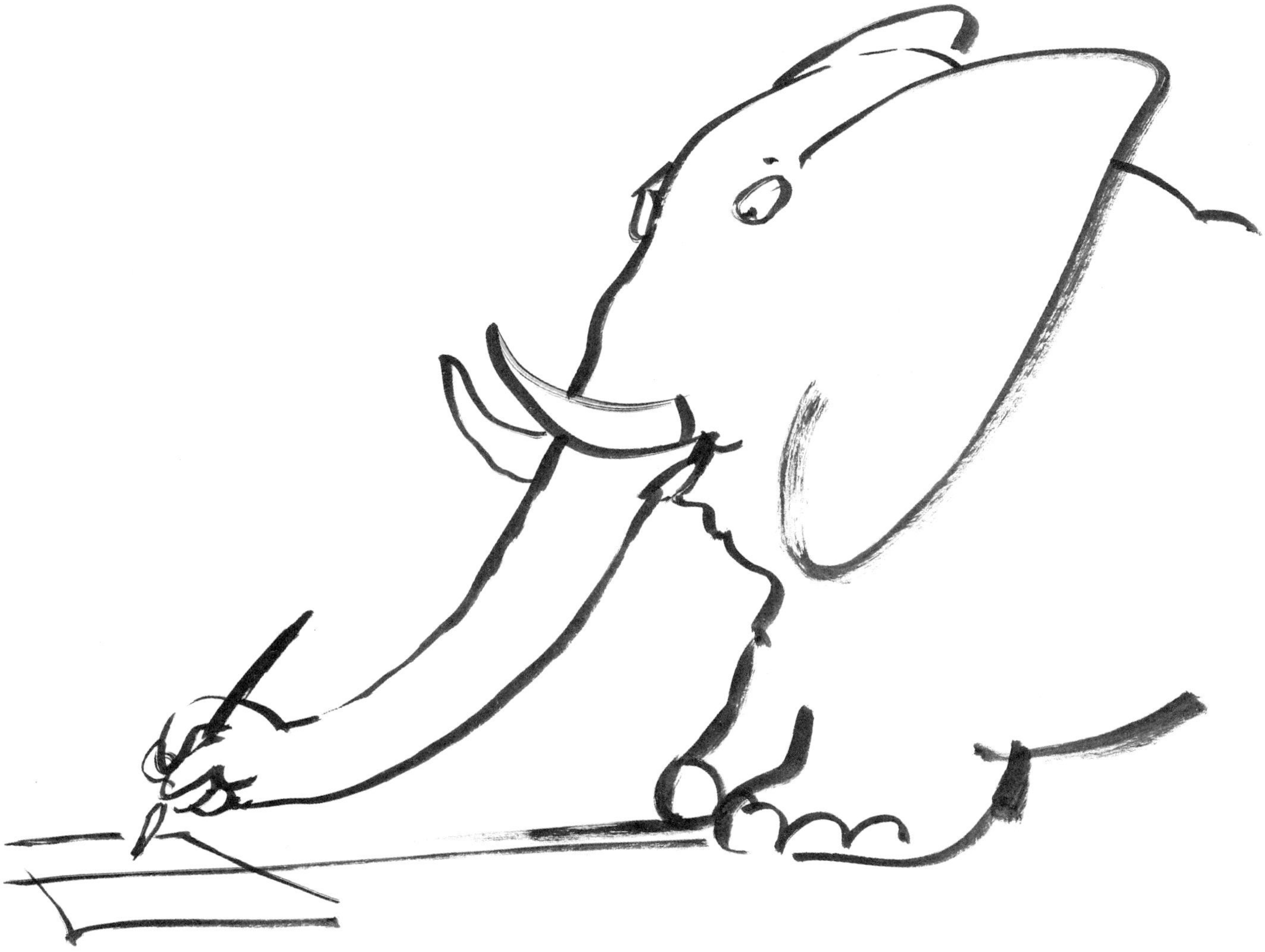

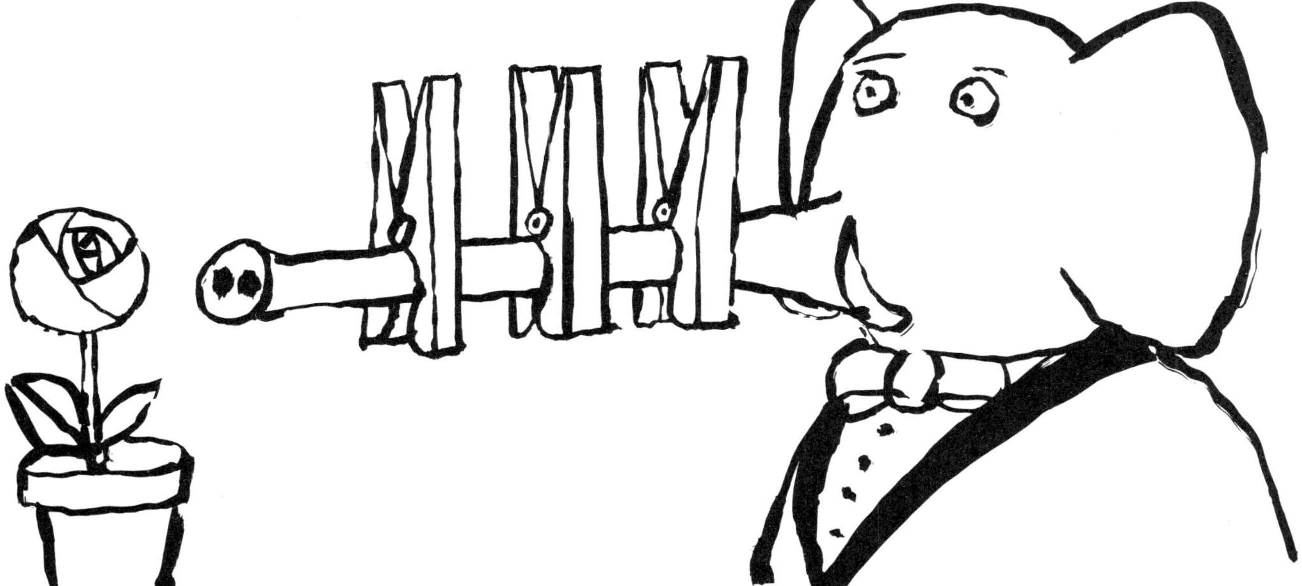

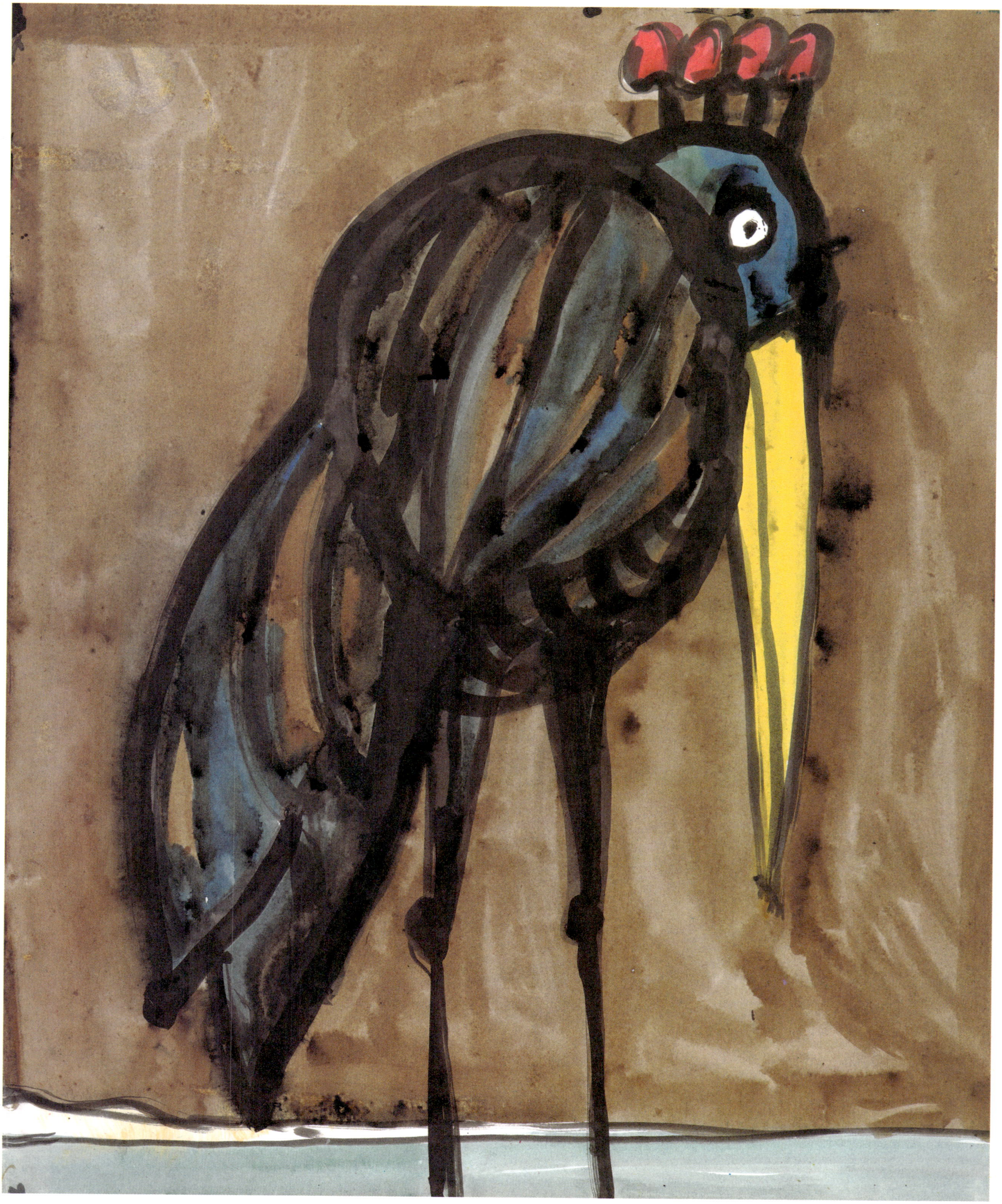

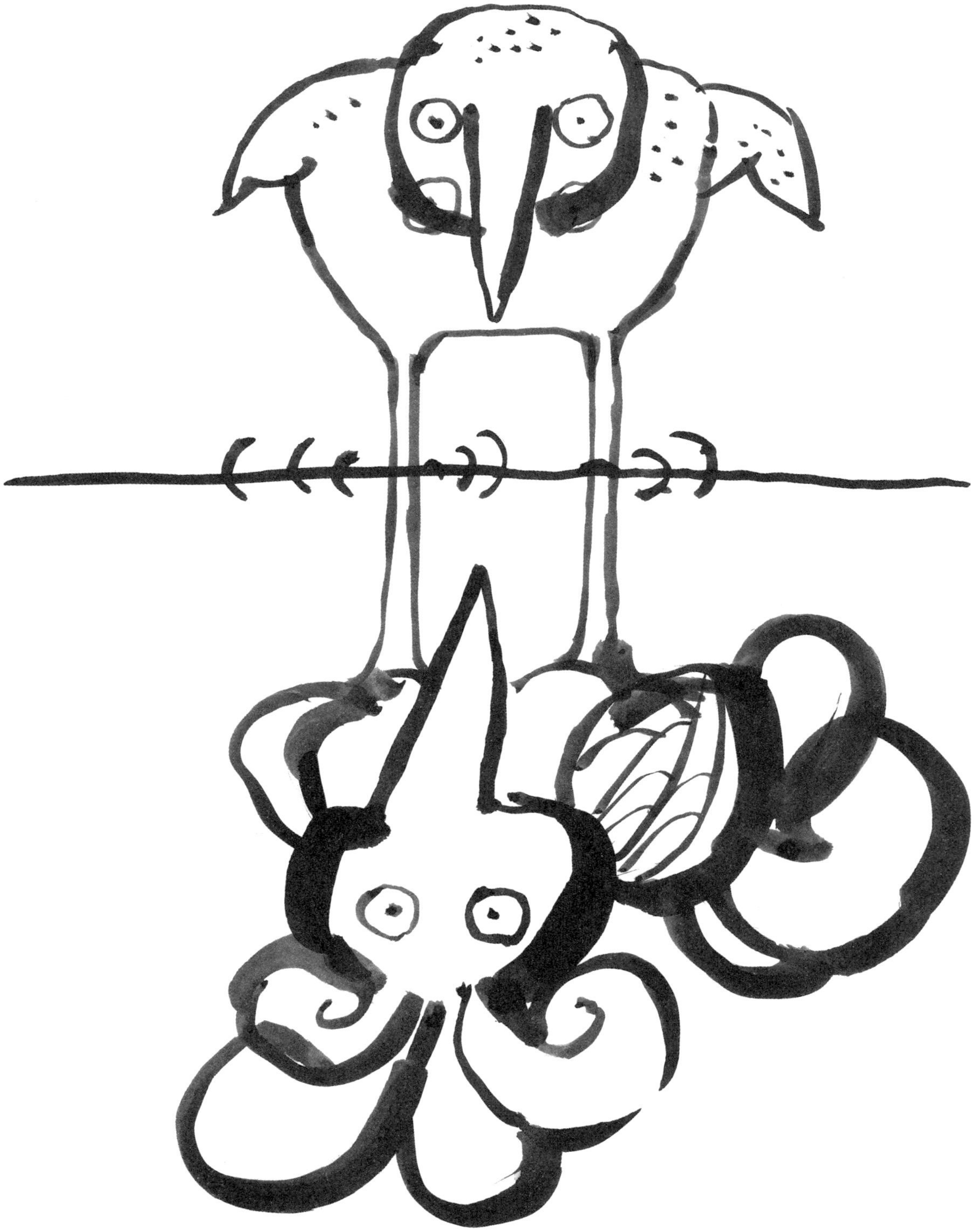

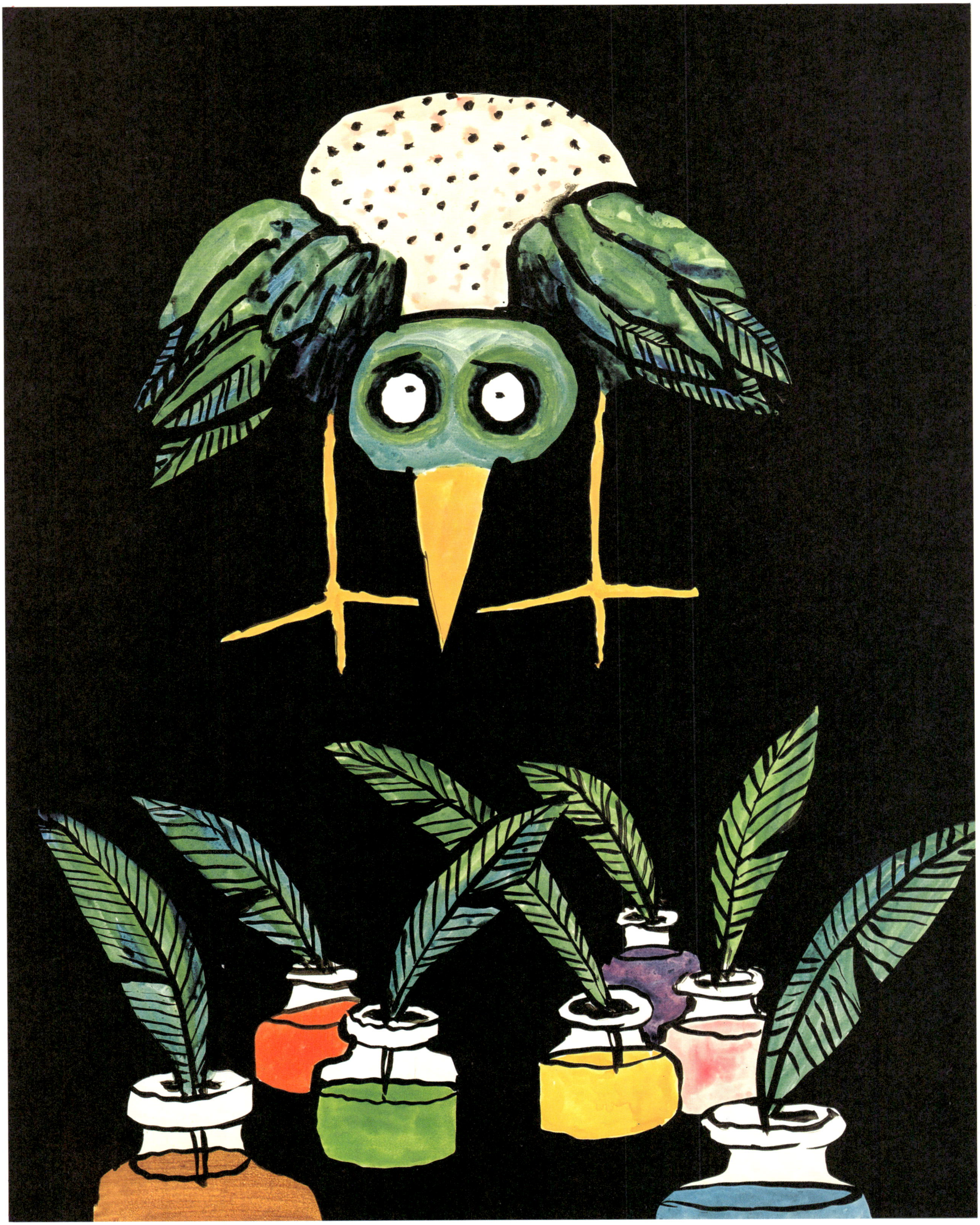

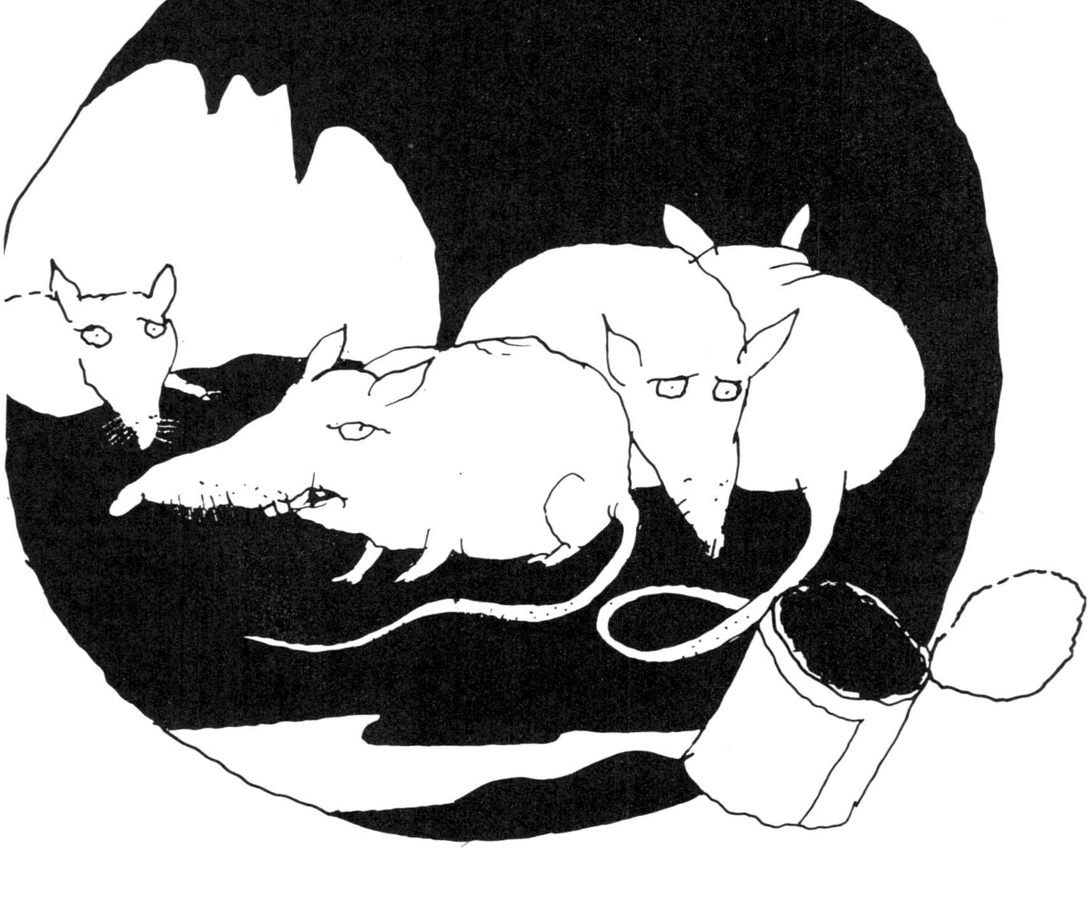

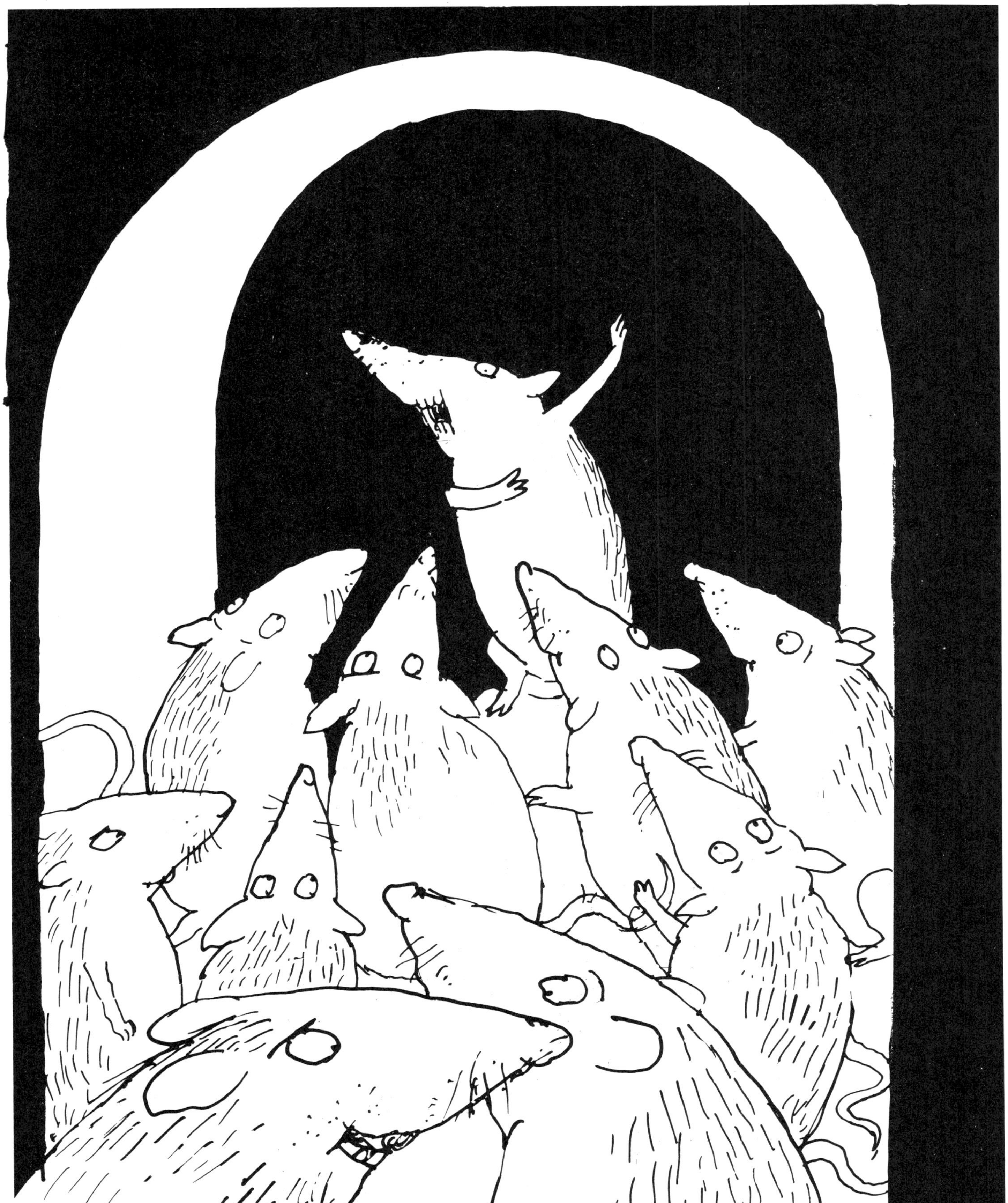

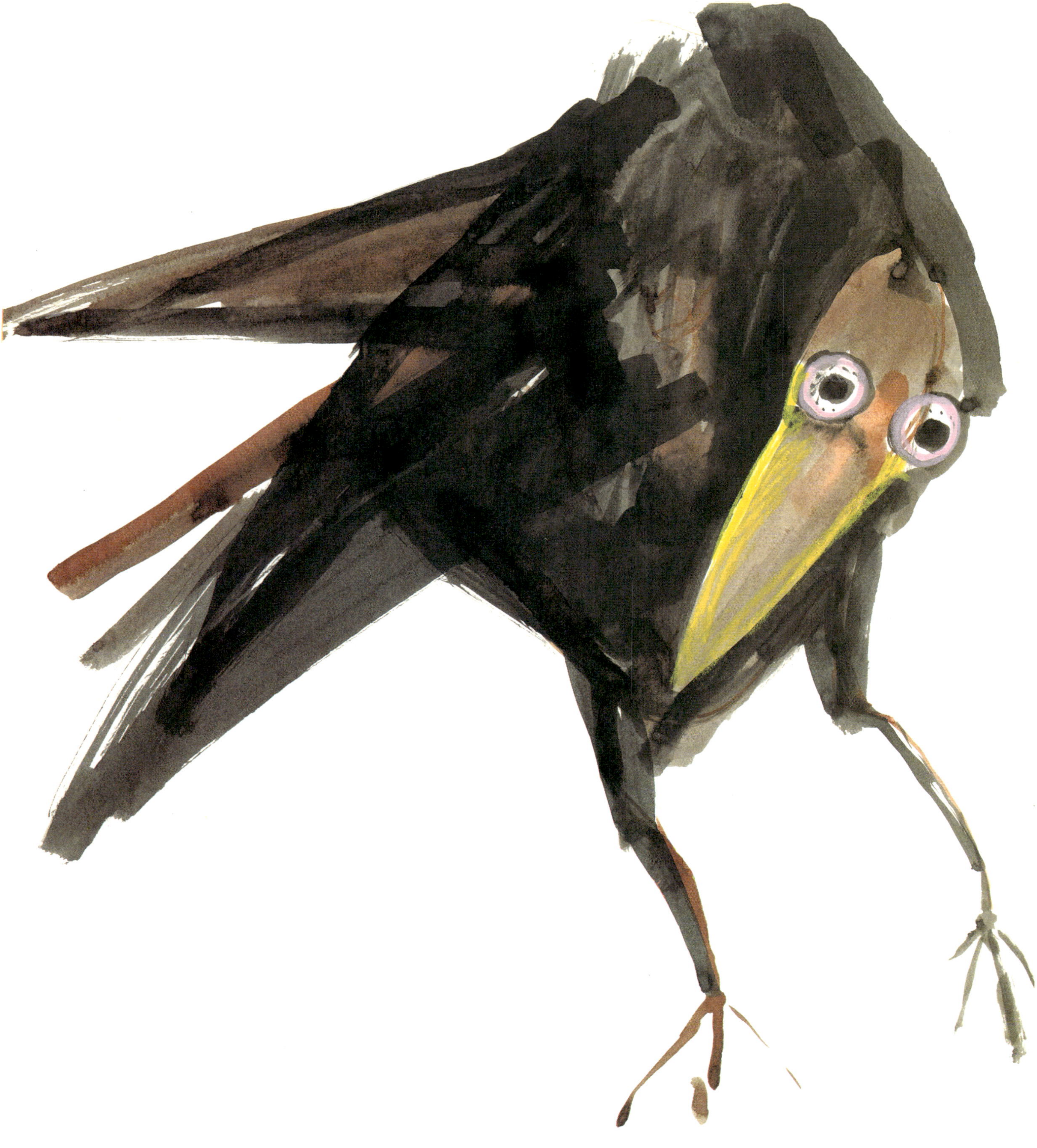

HELP

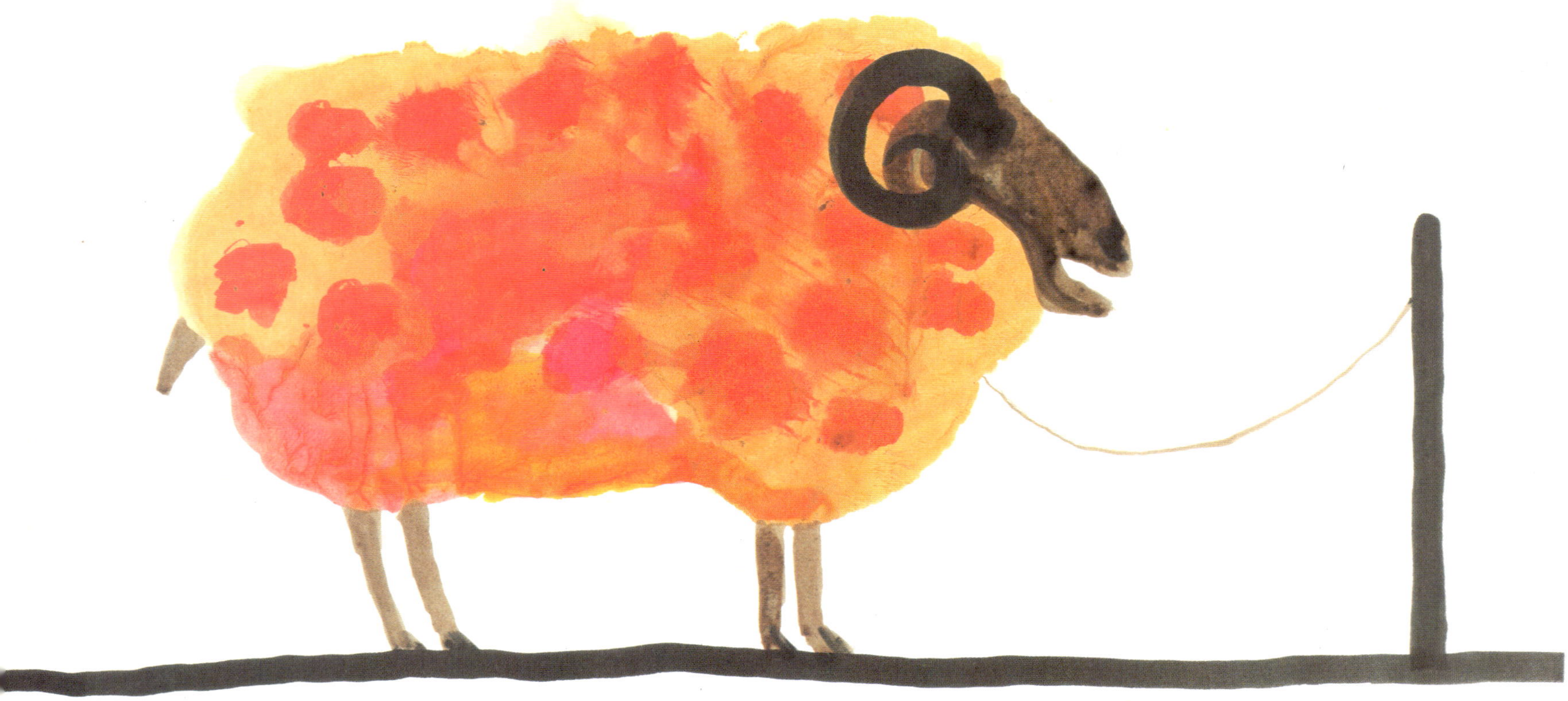

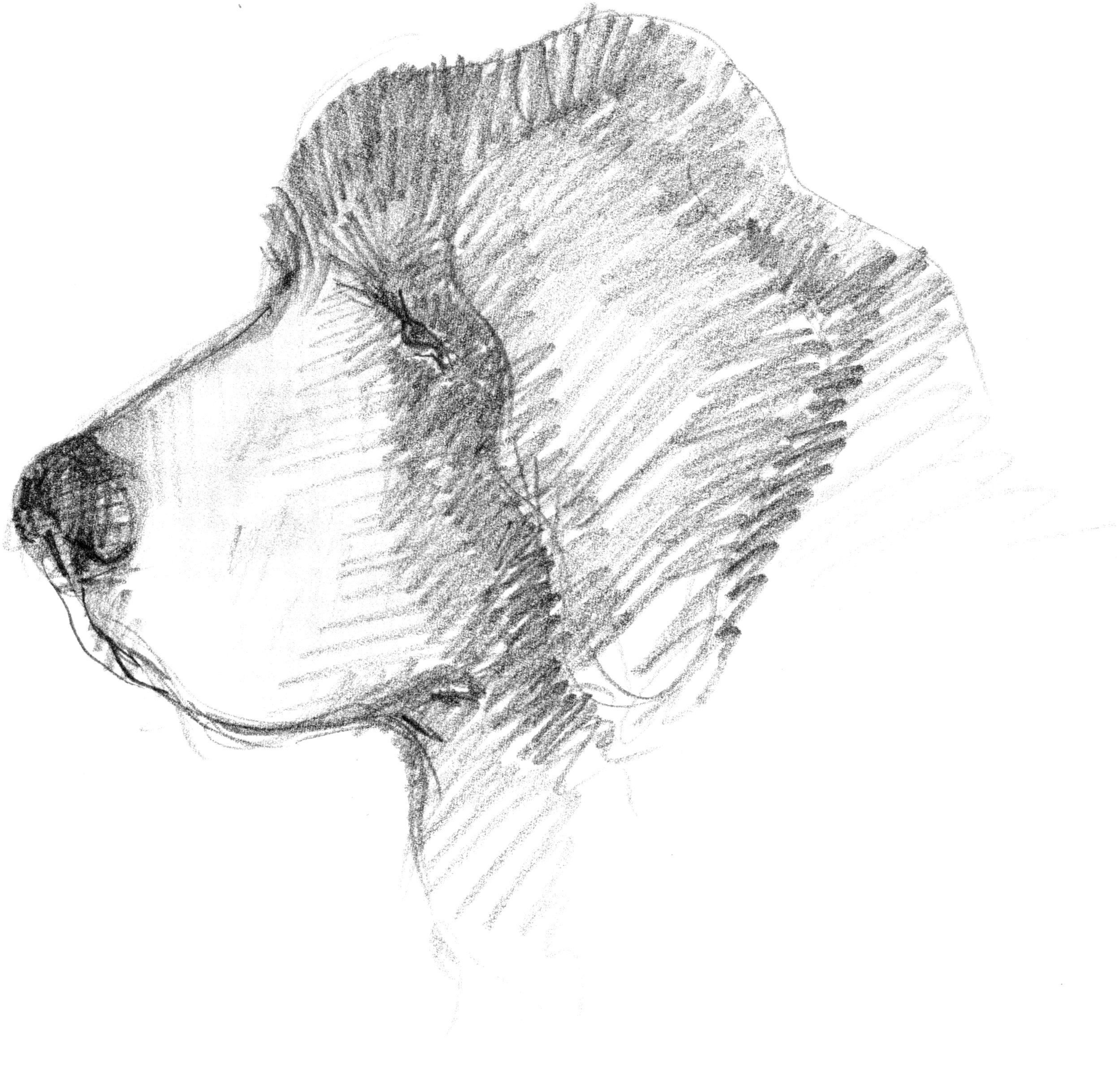

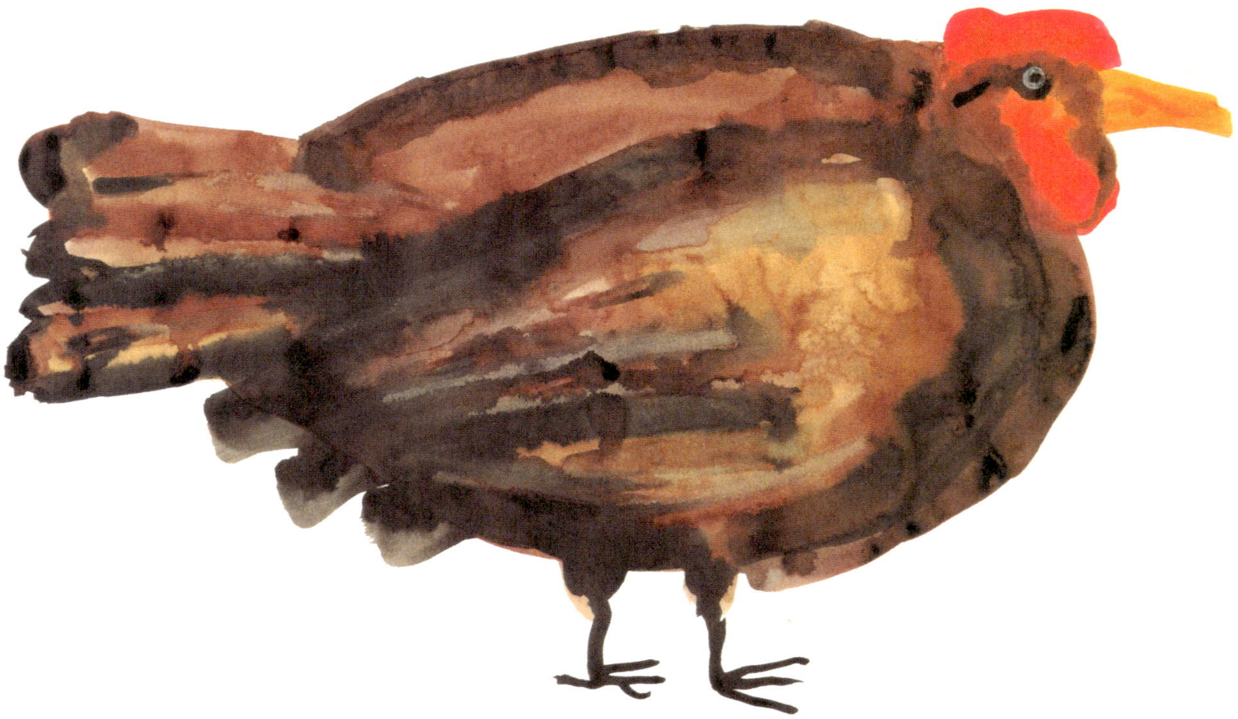

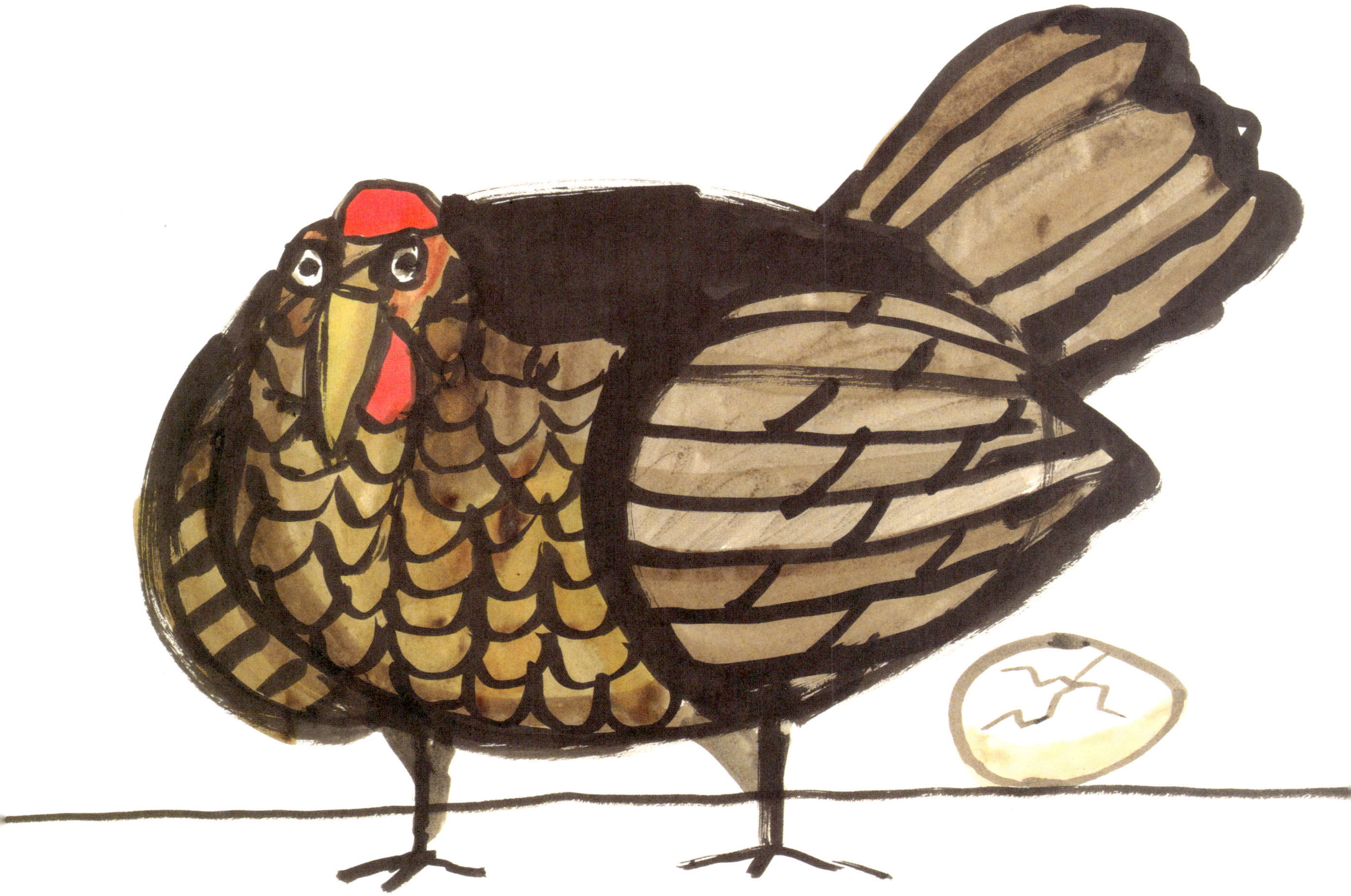

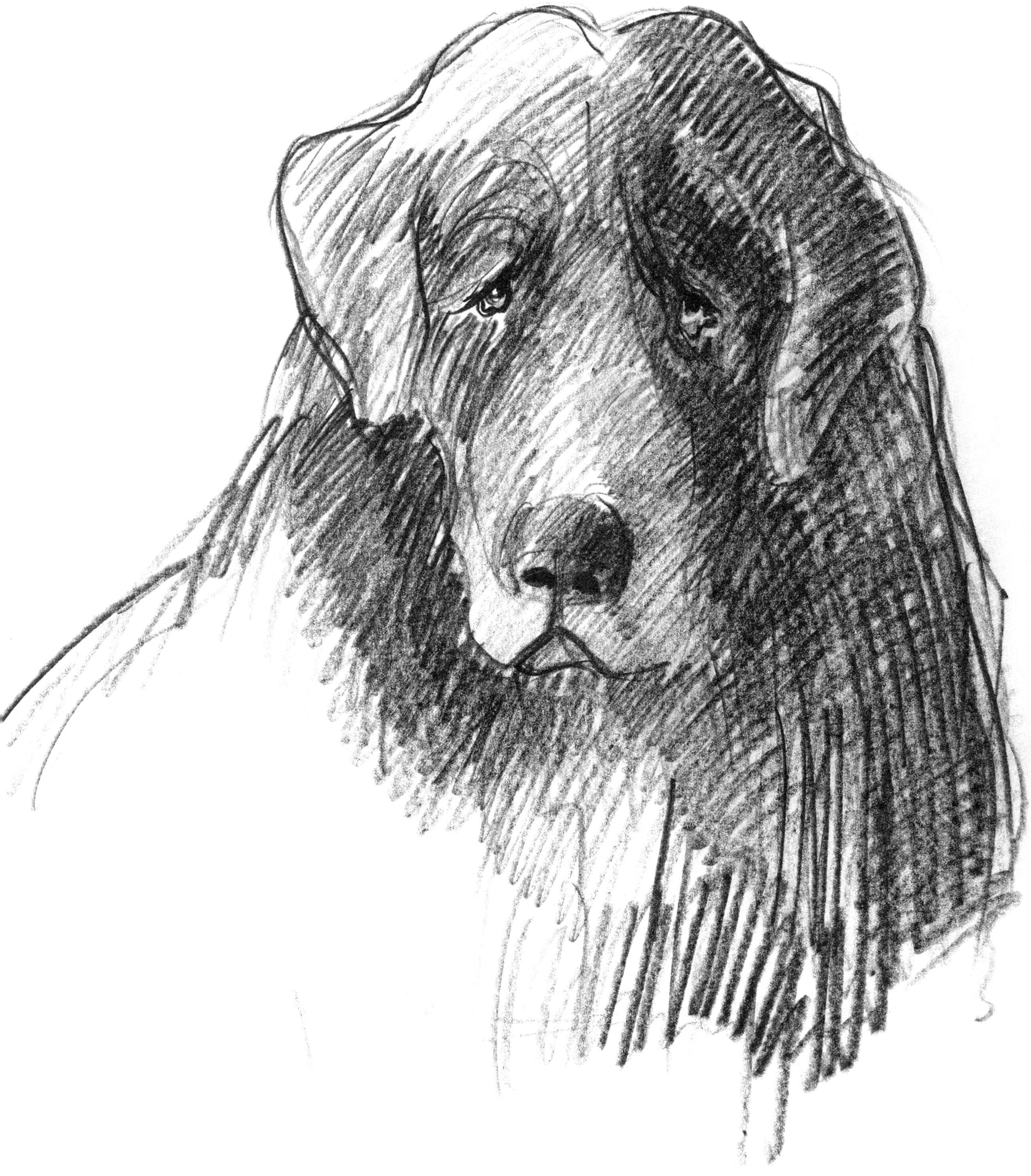

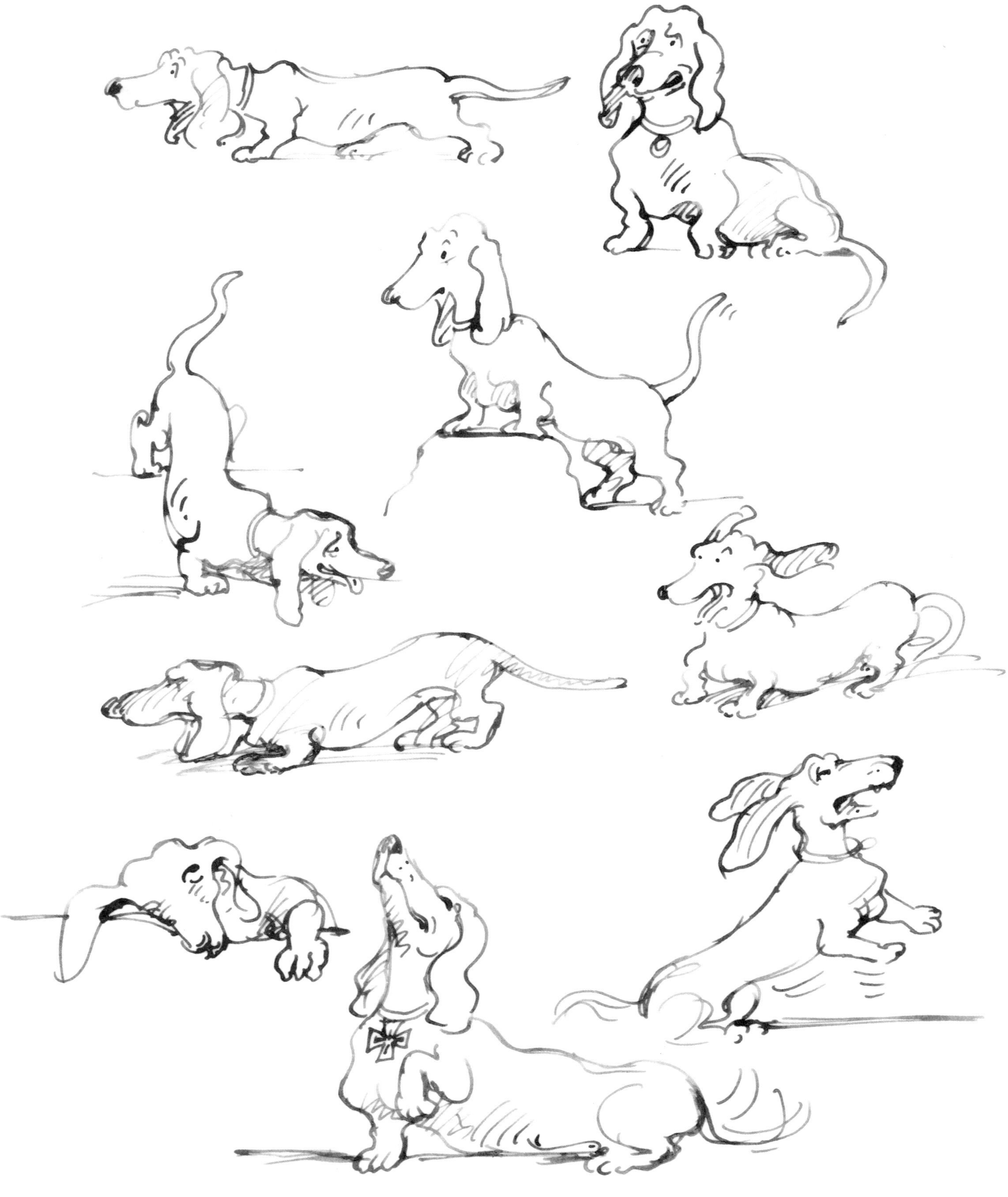

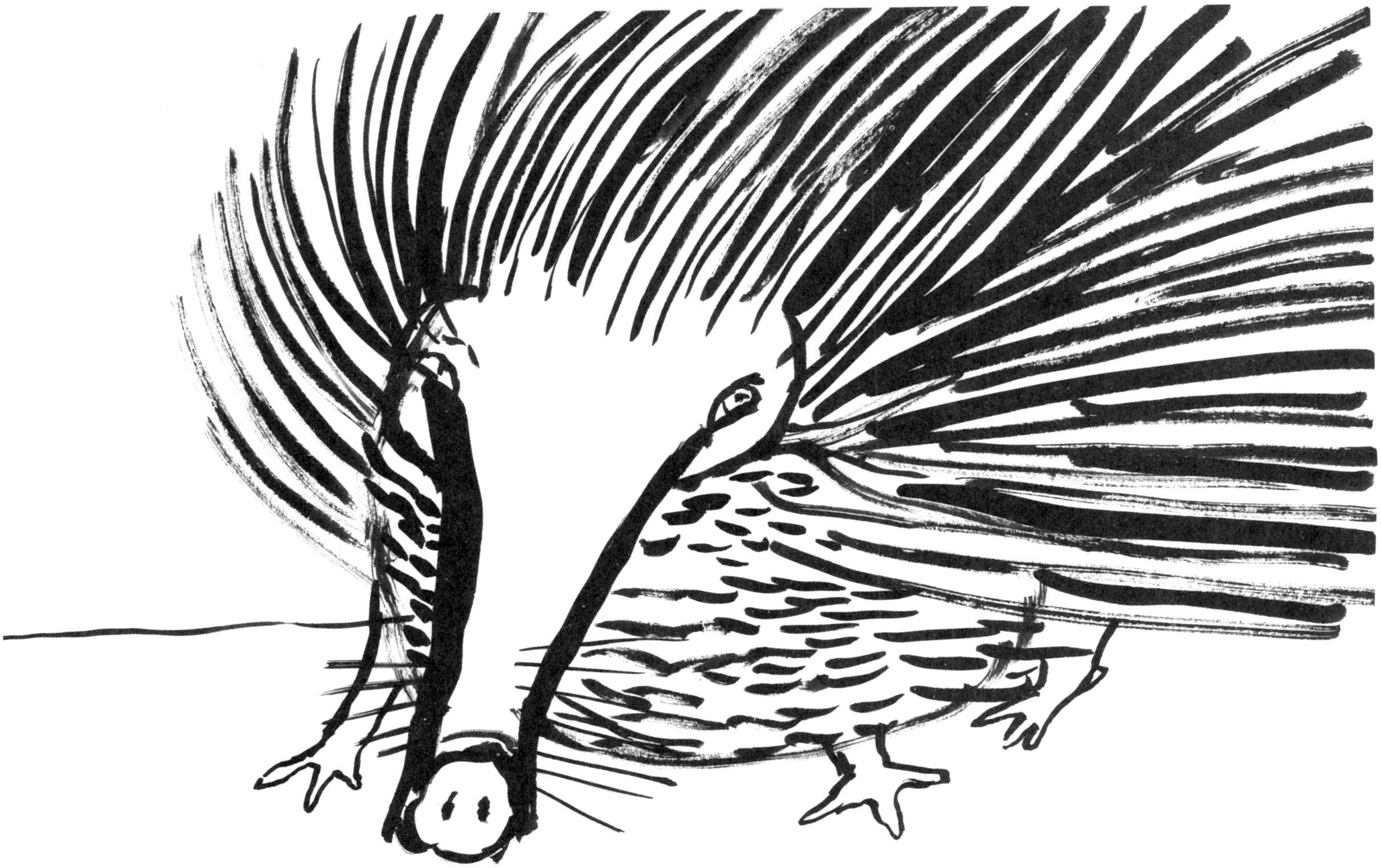

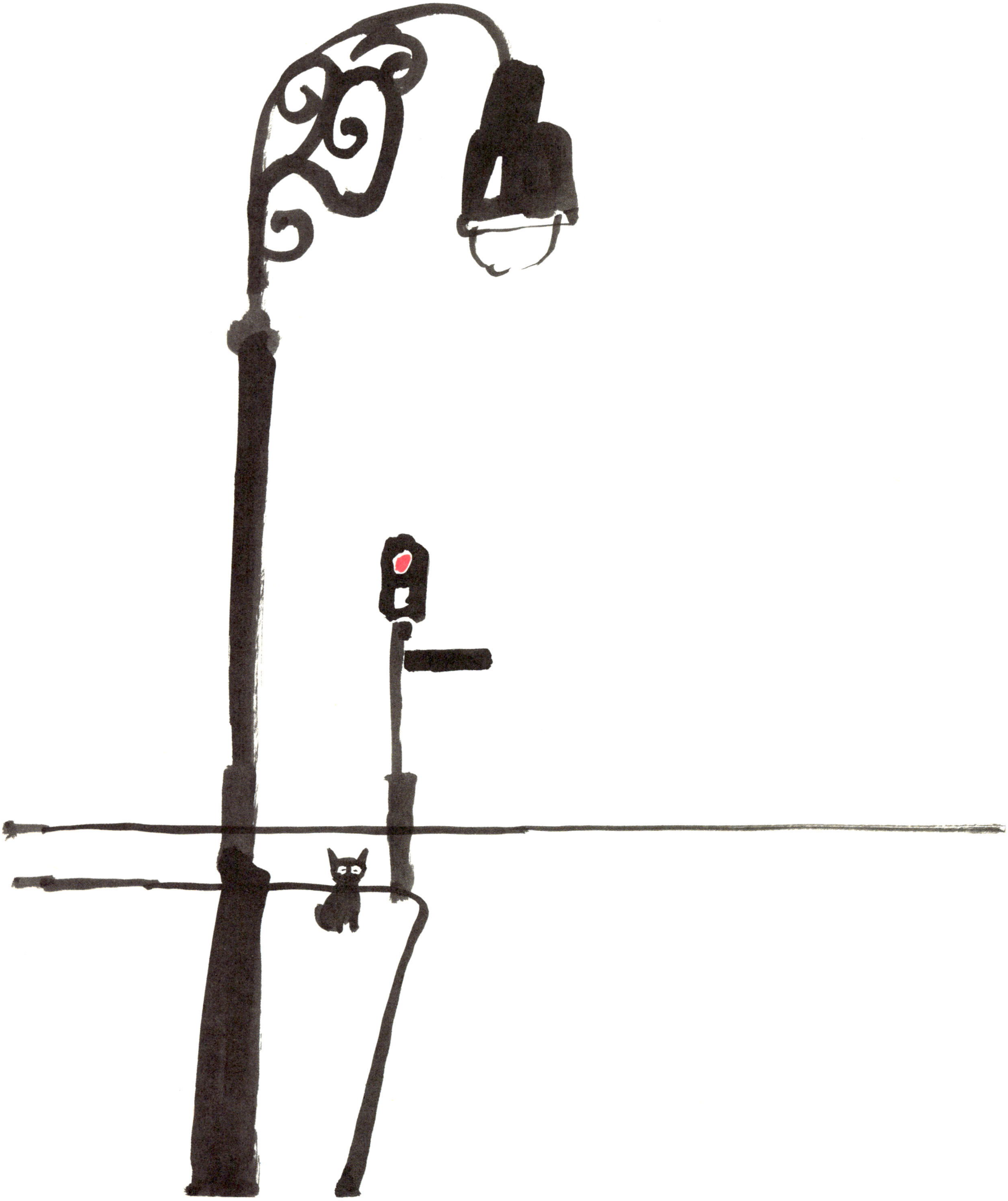

39

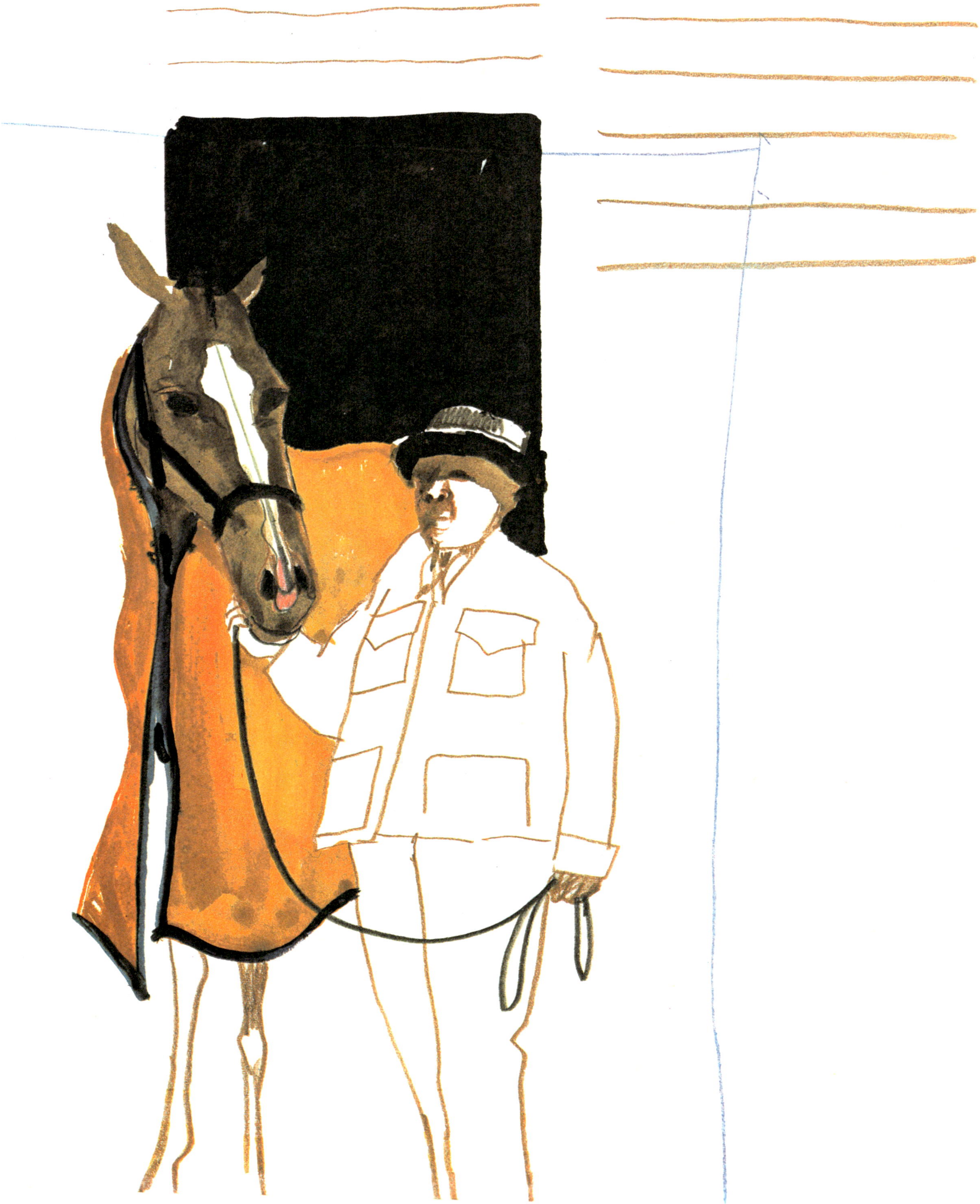

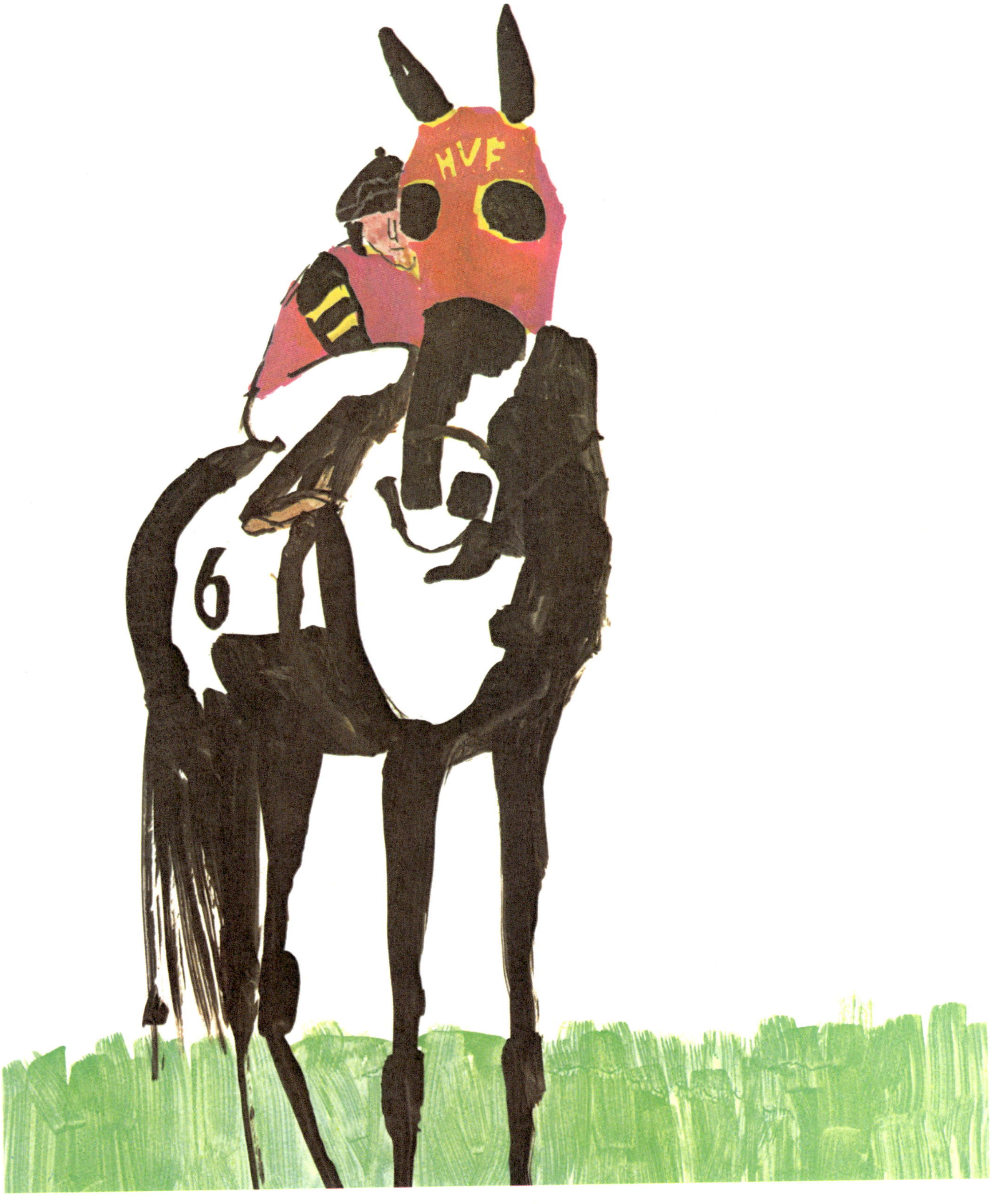
HVF
6

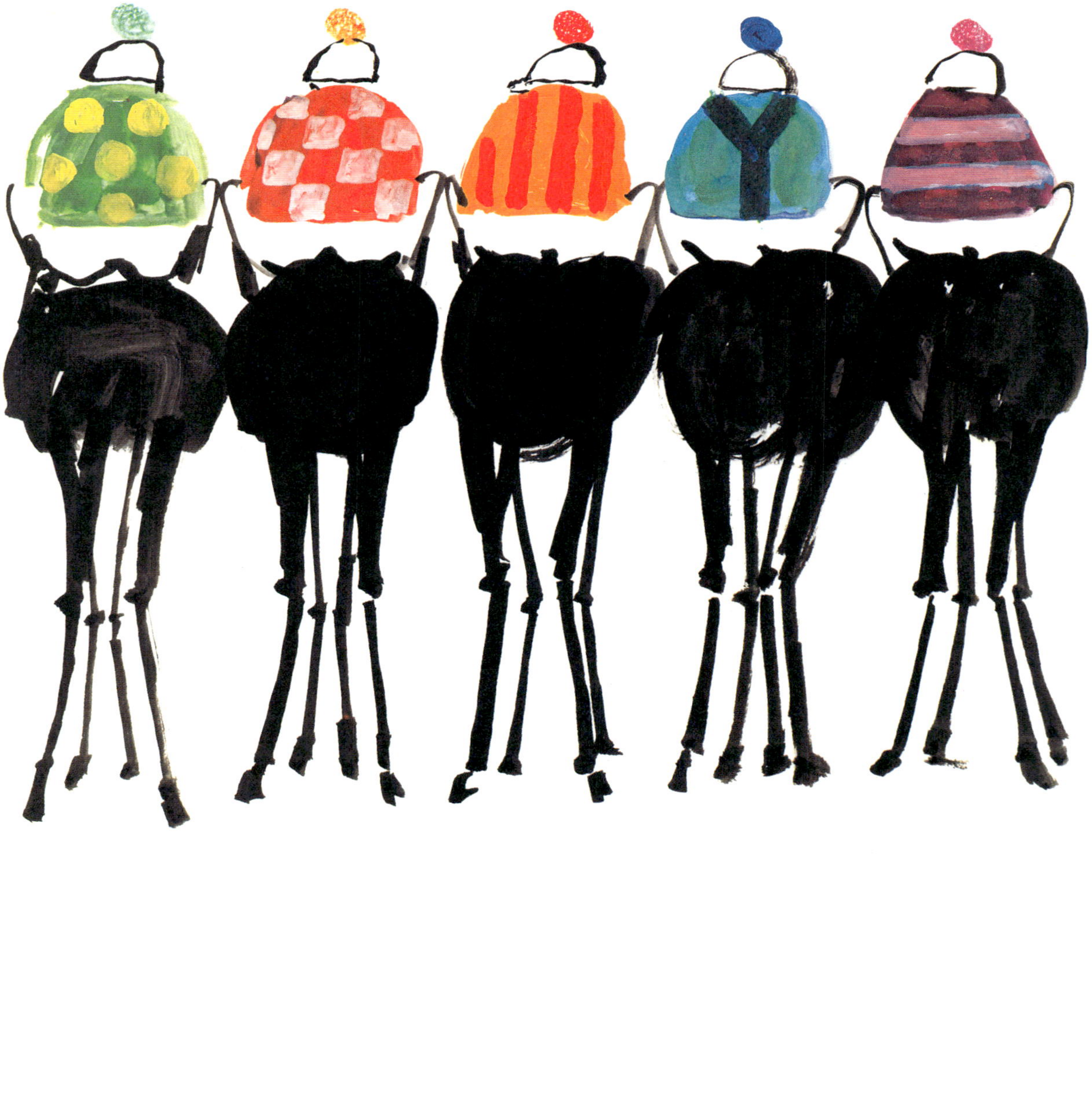

43

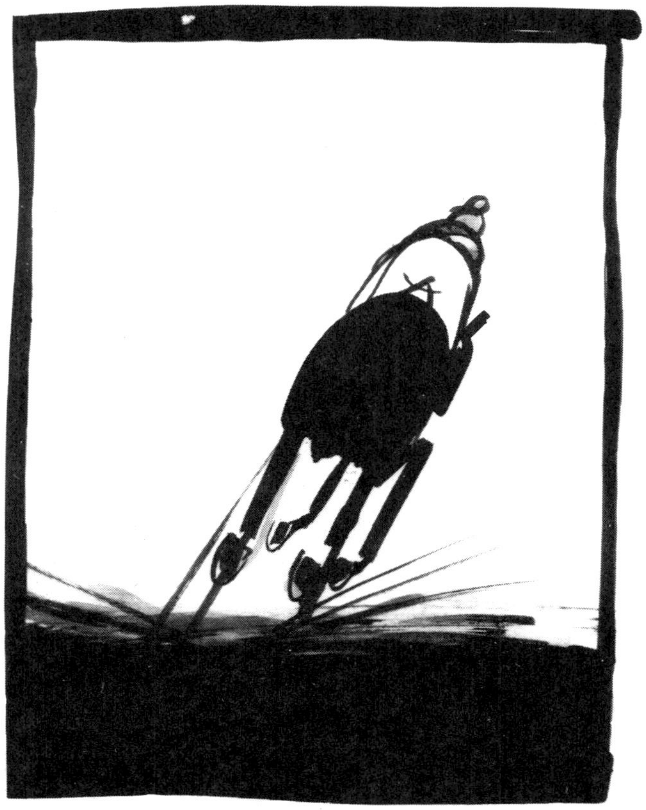

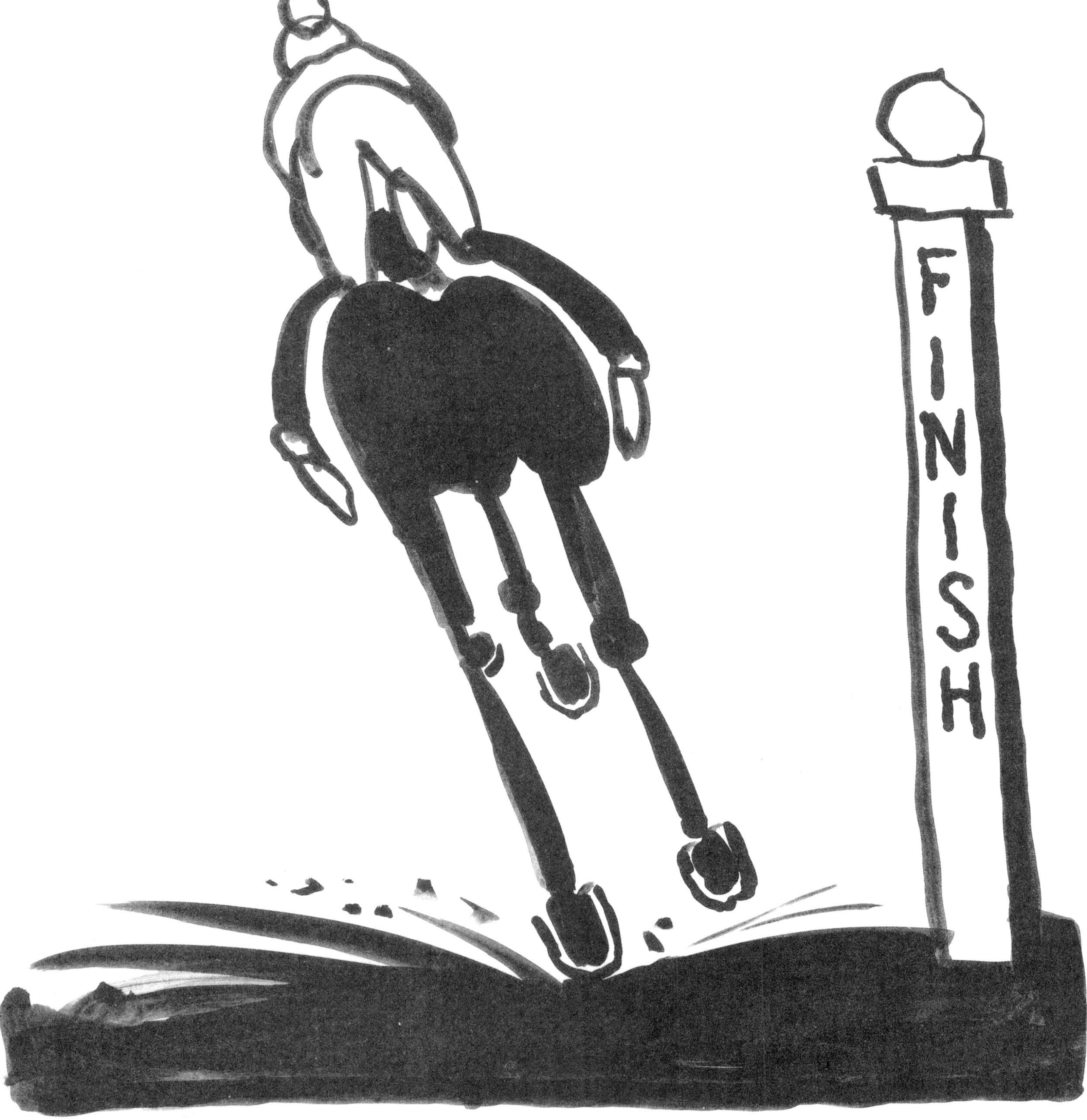
FINISH

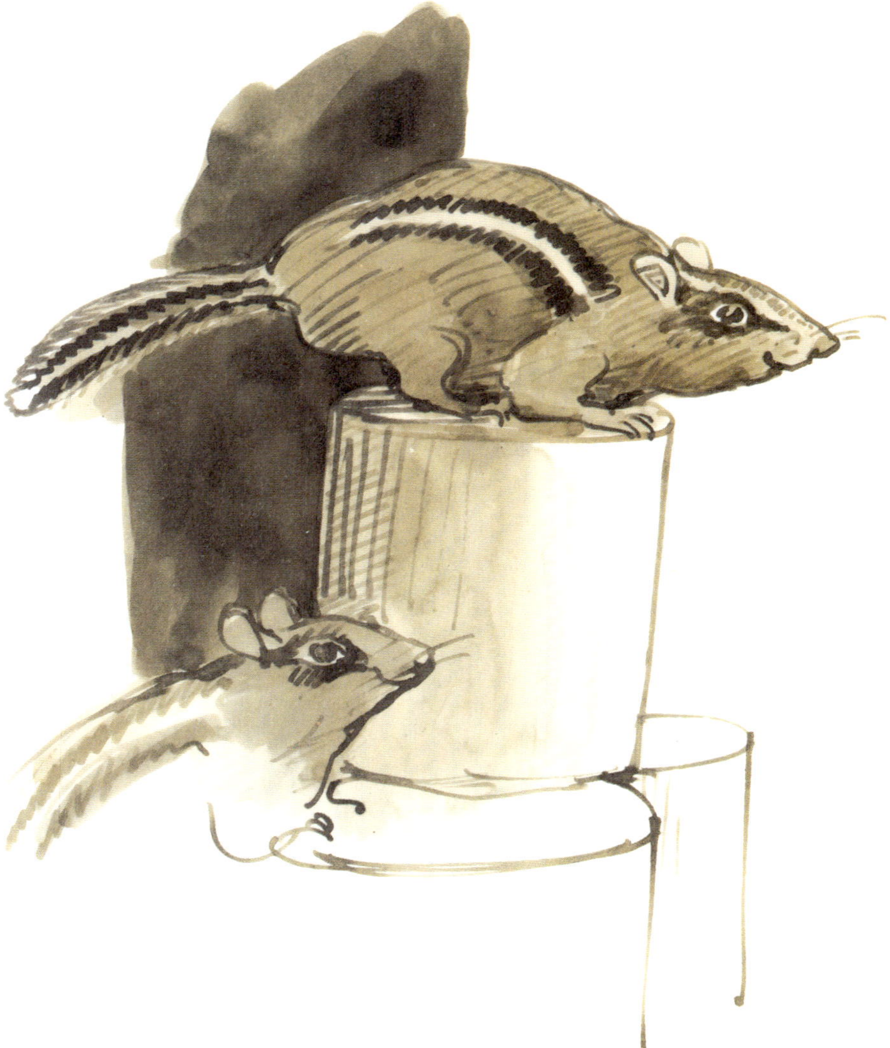

47

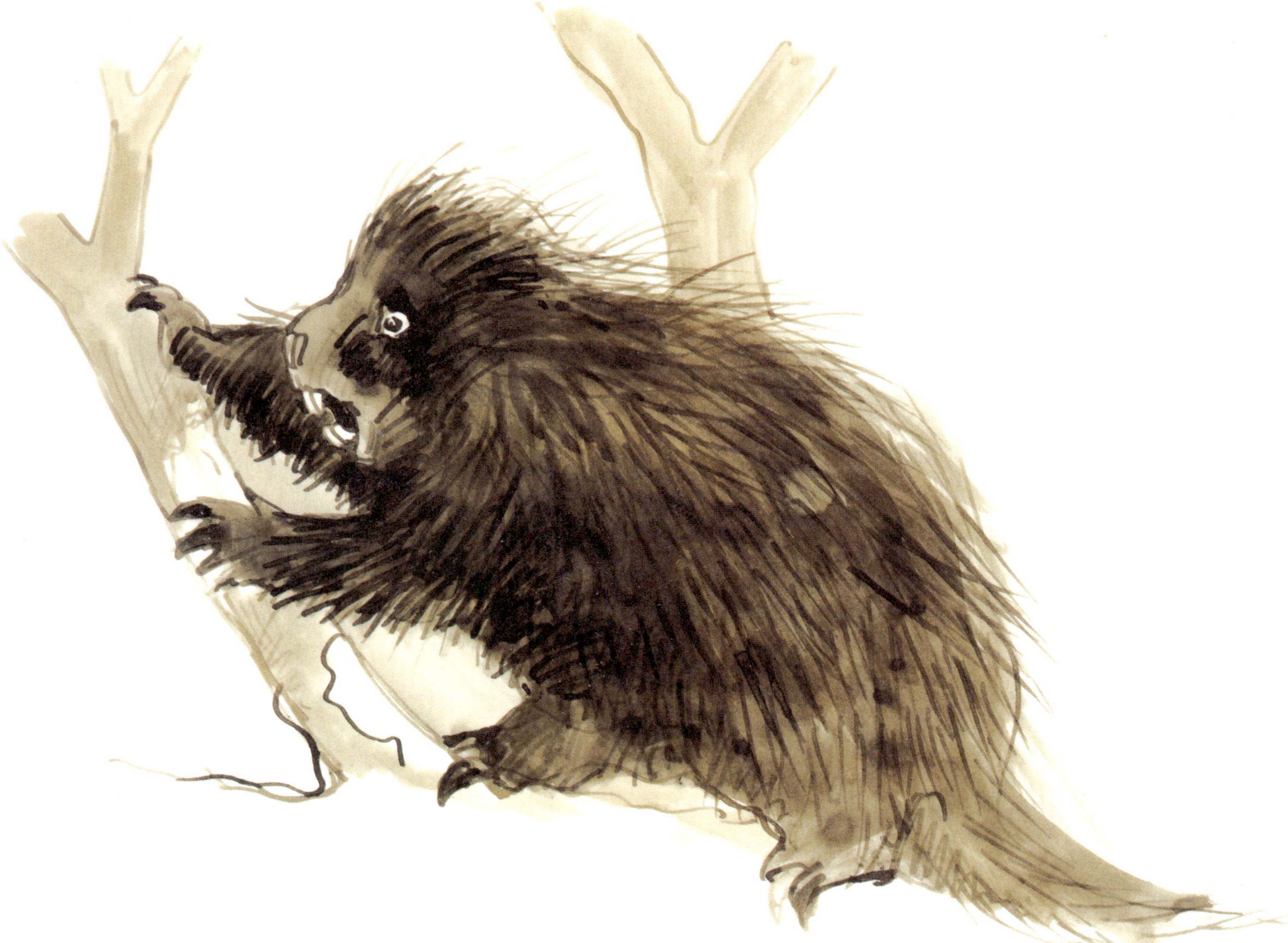

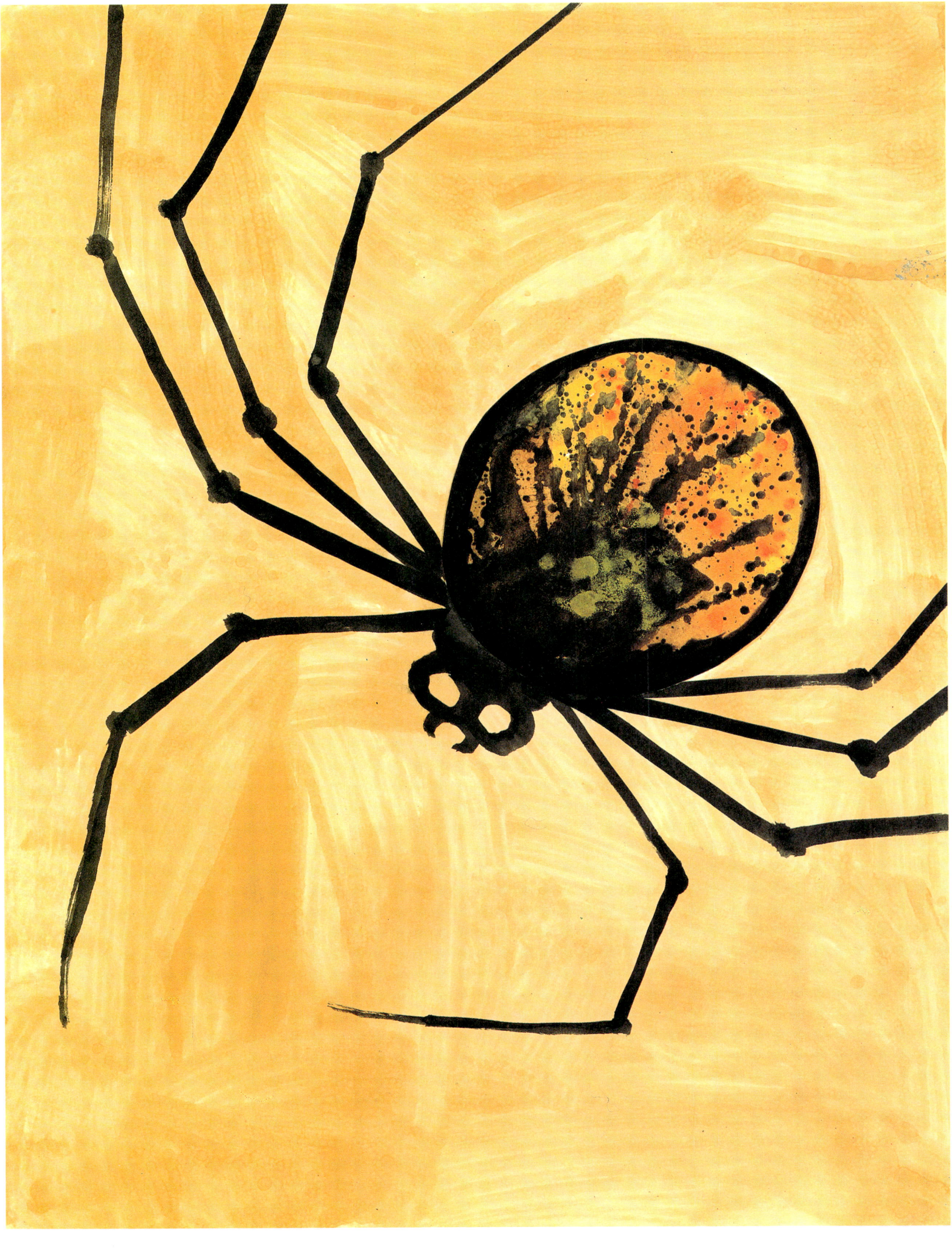

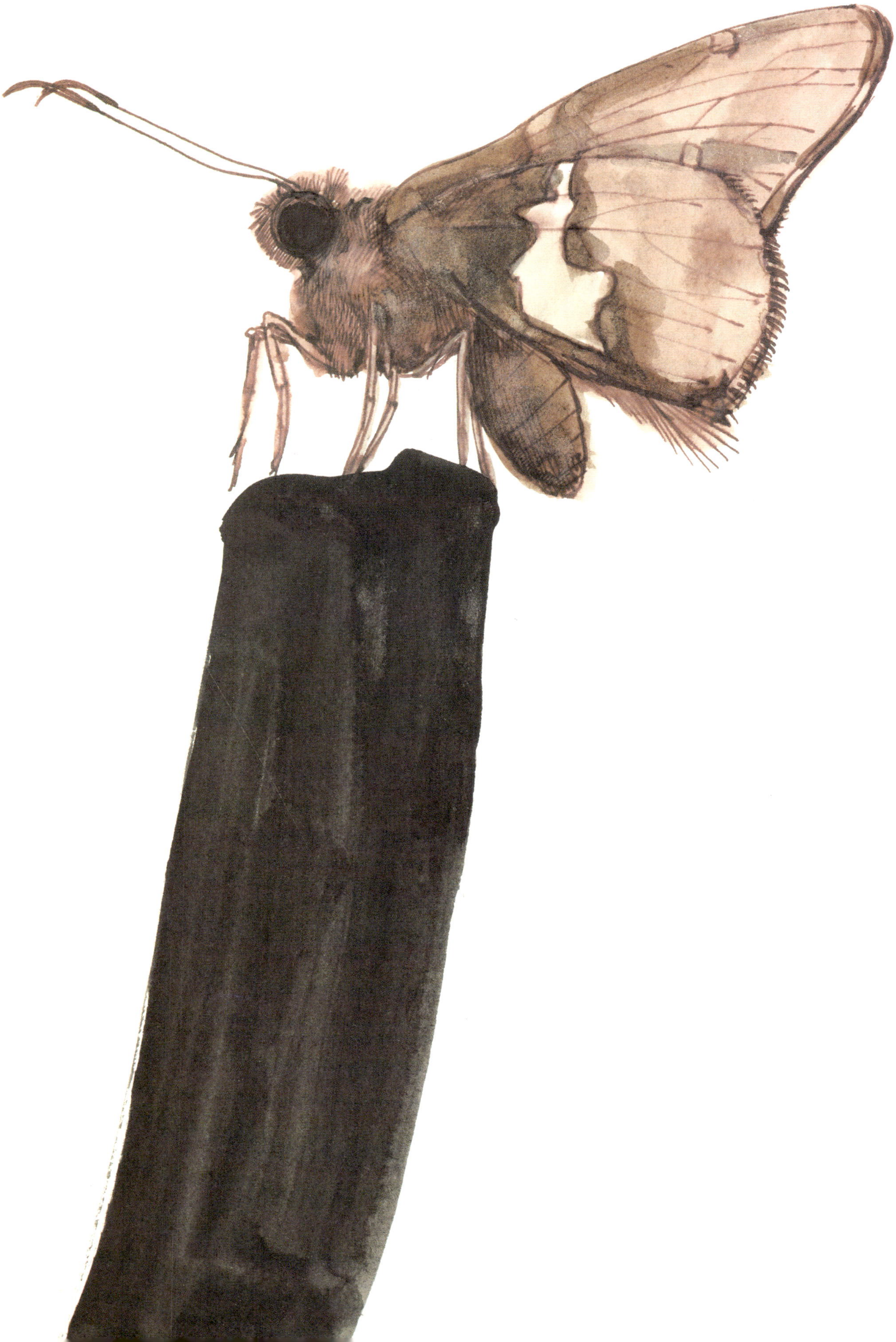

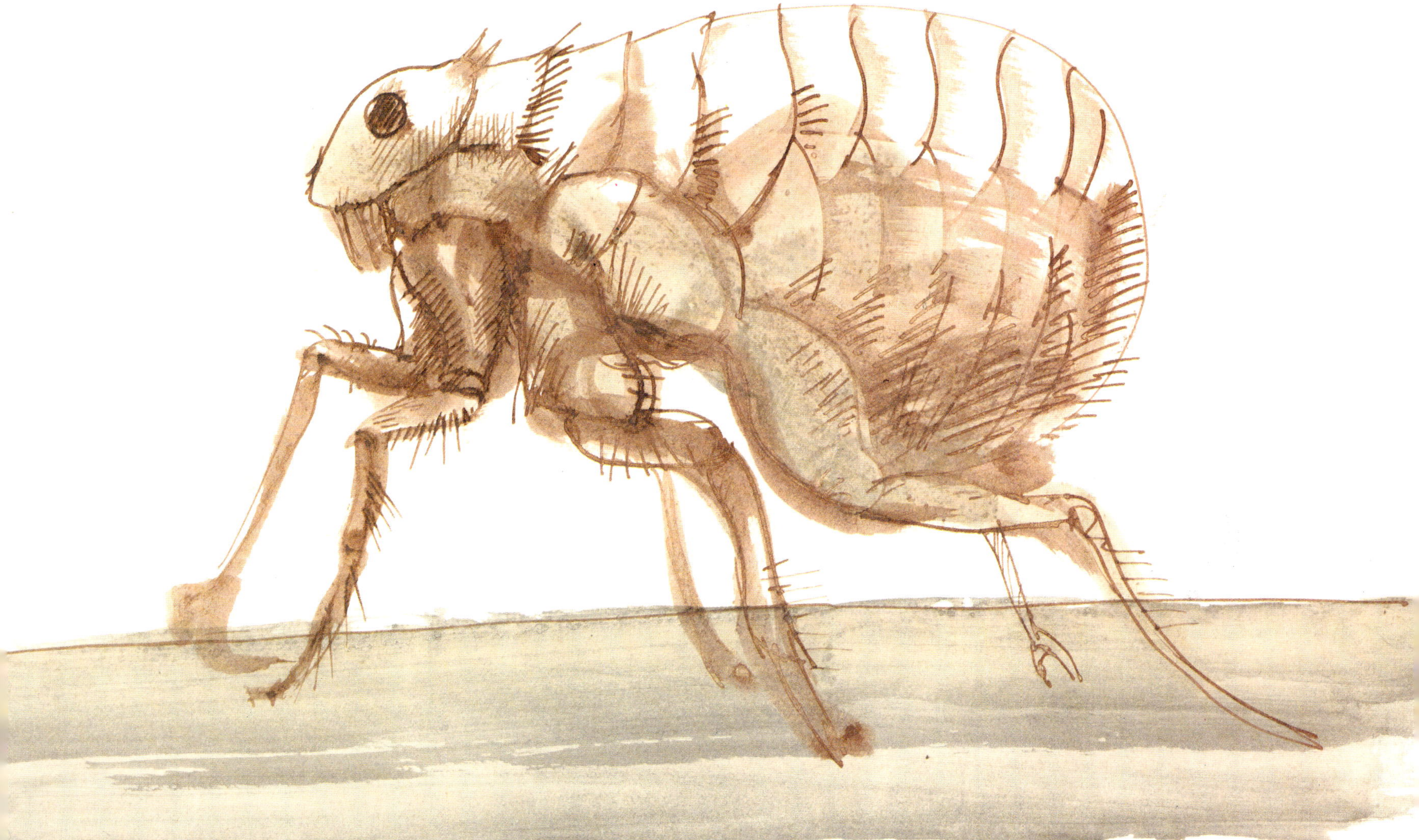

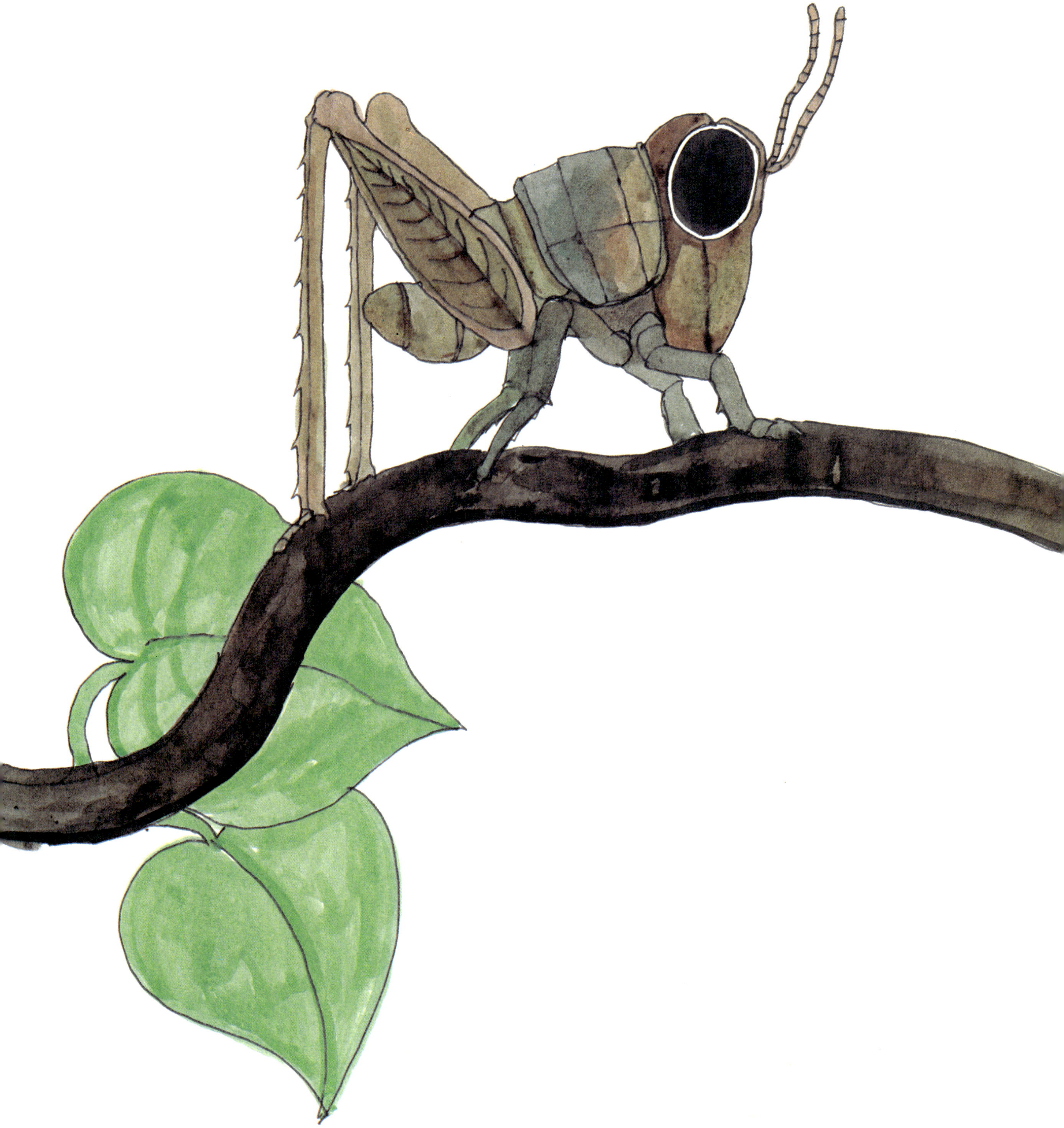

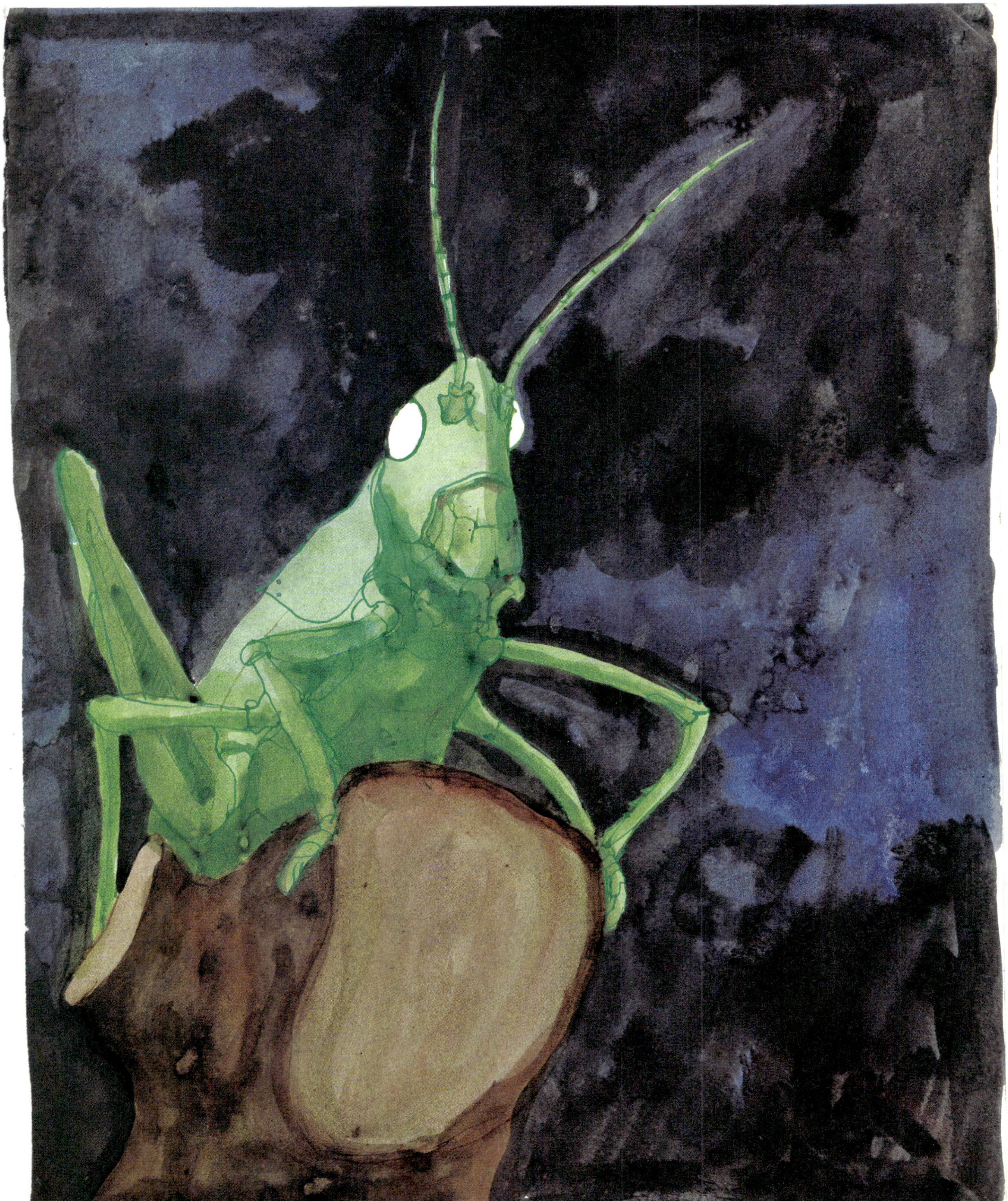

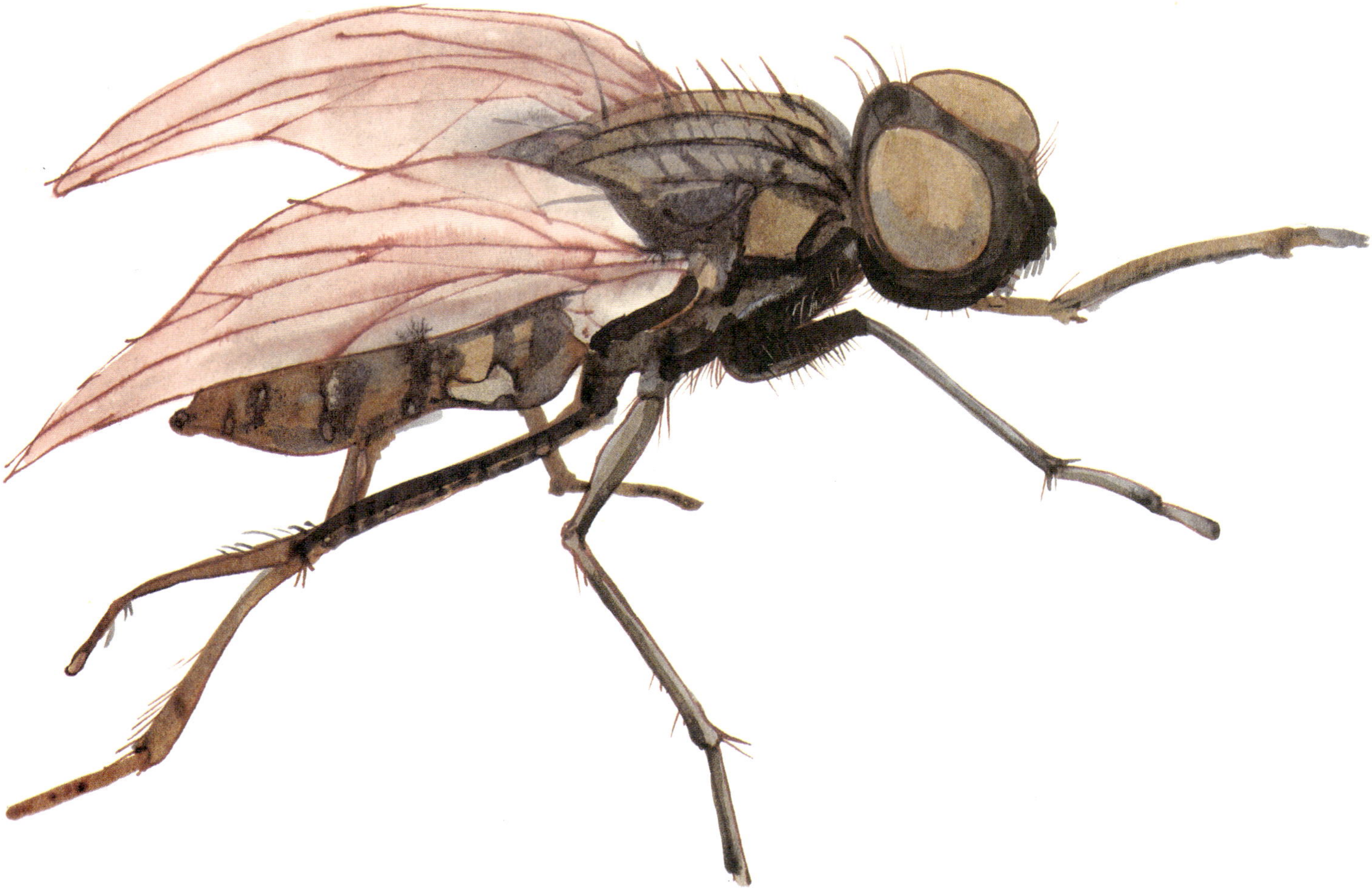

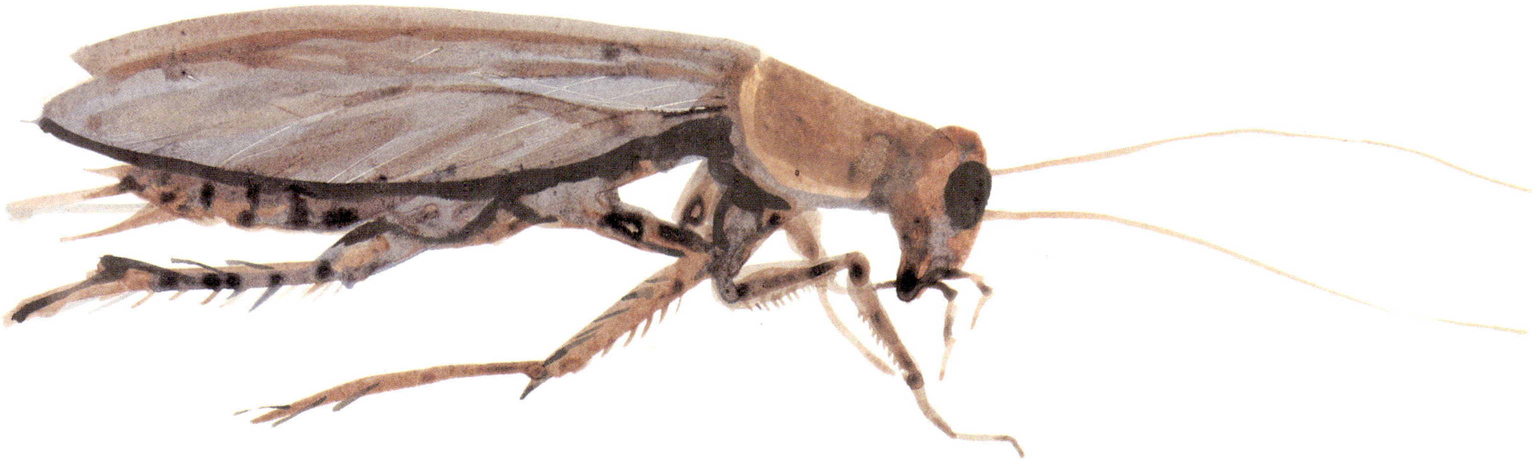

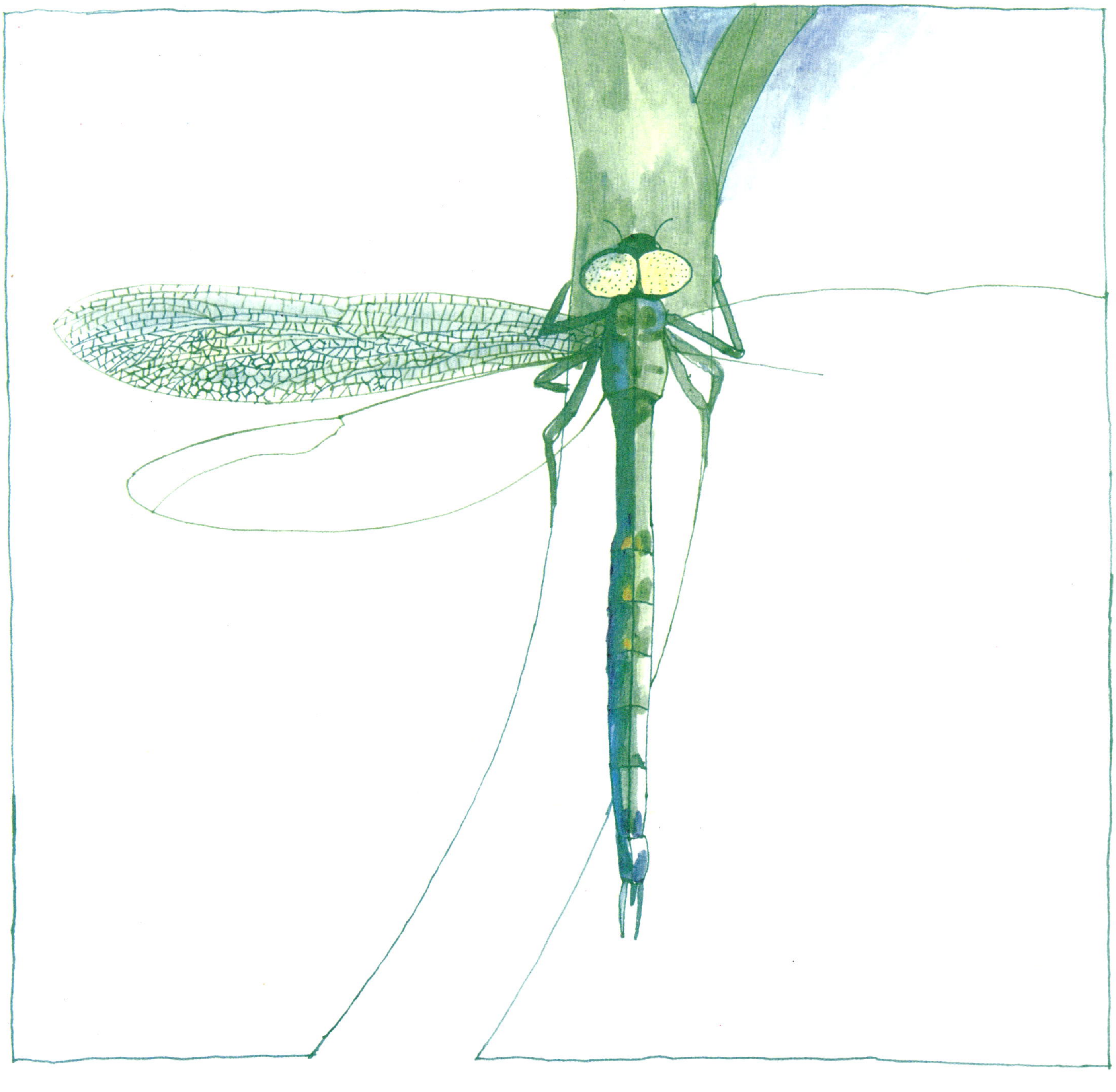

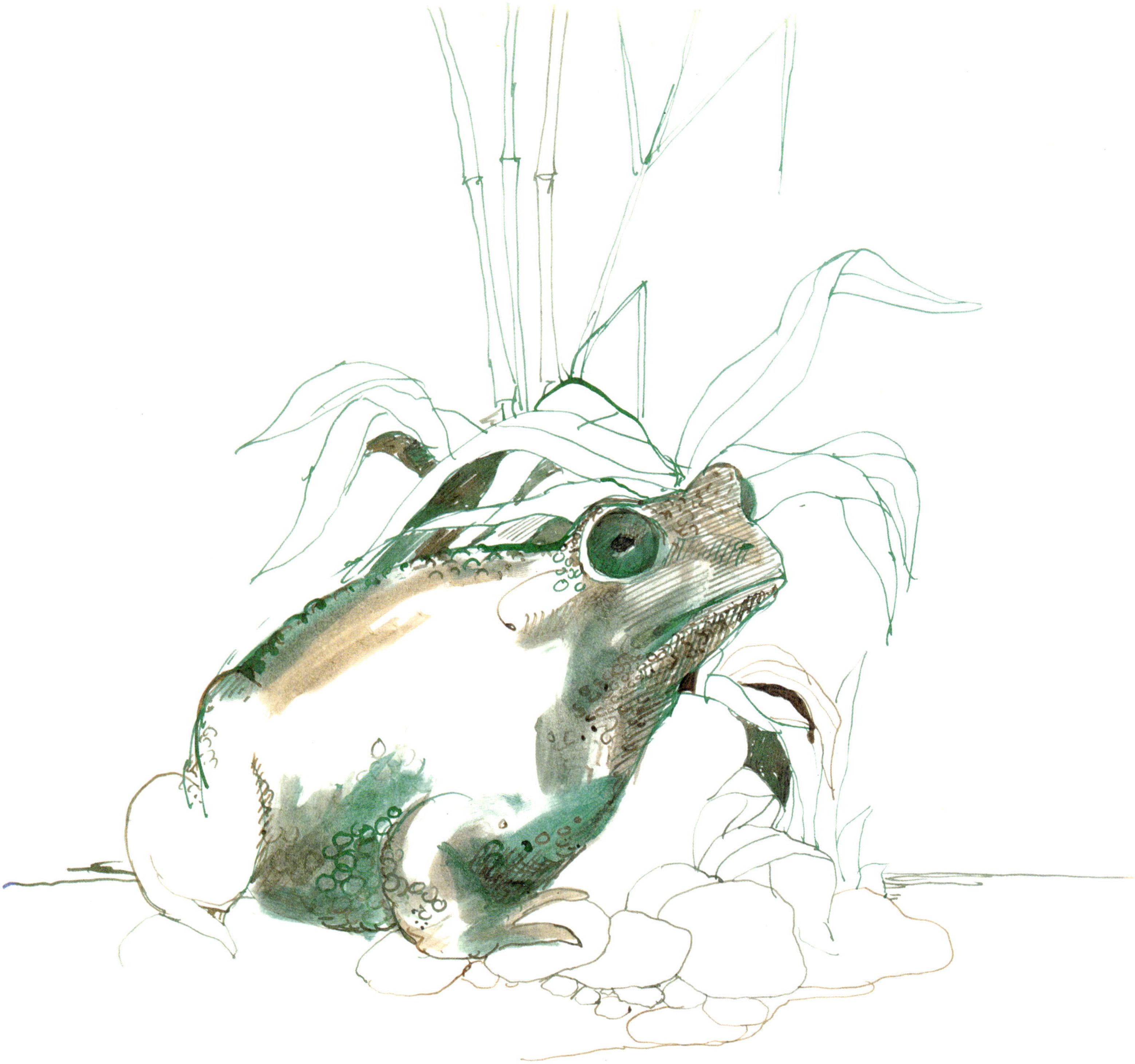

58

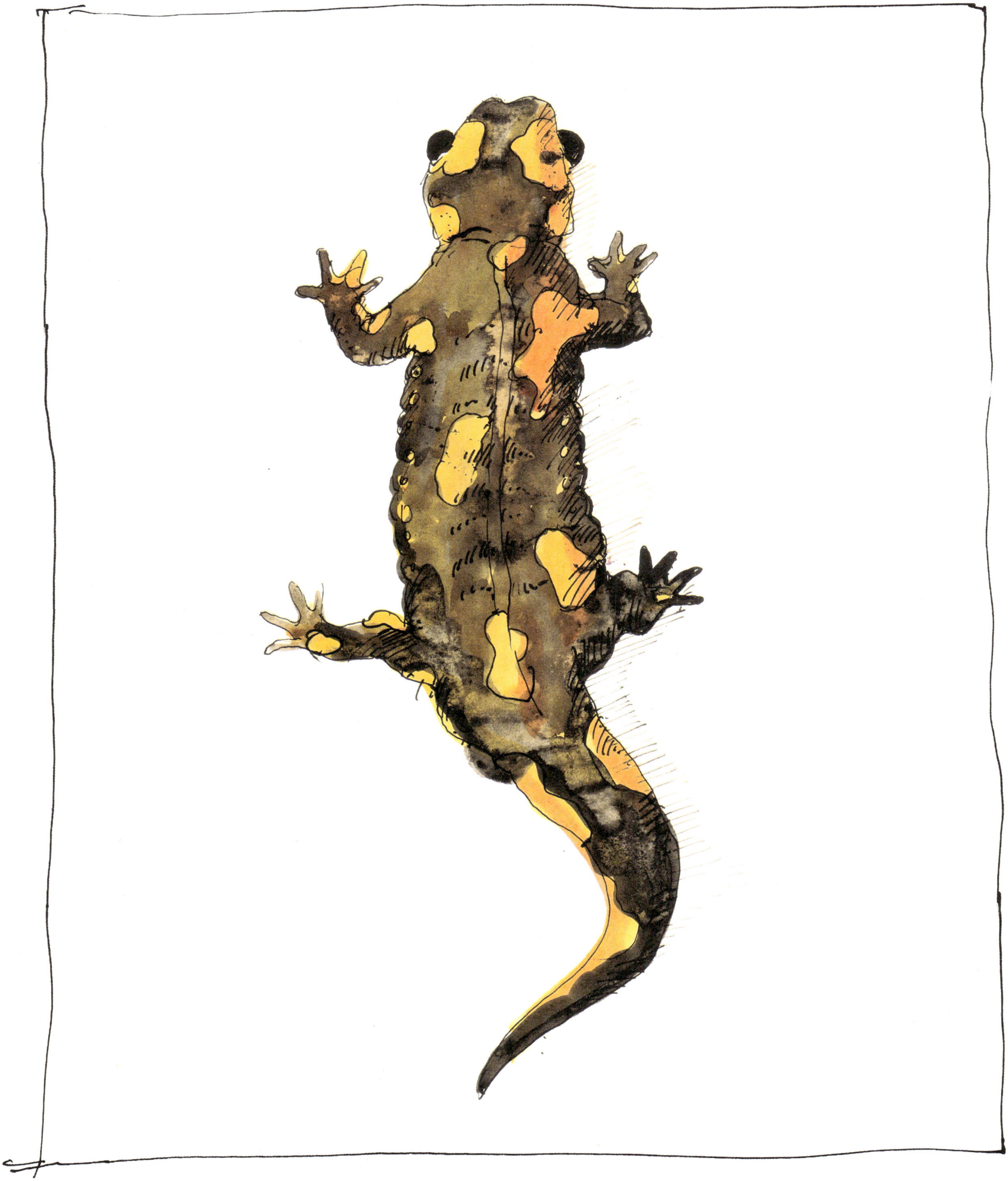

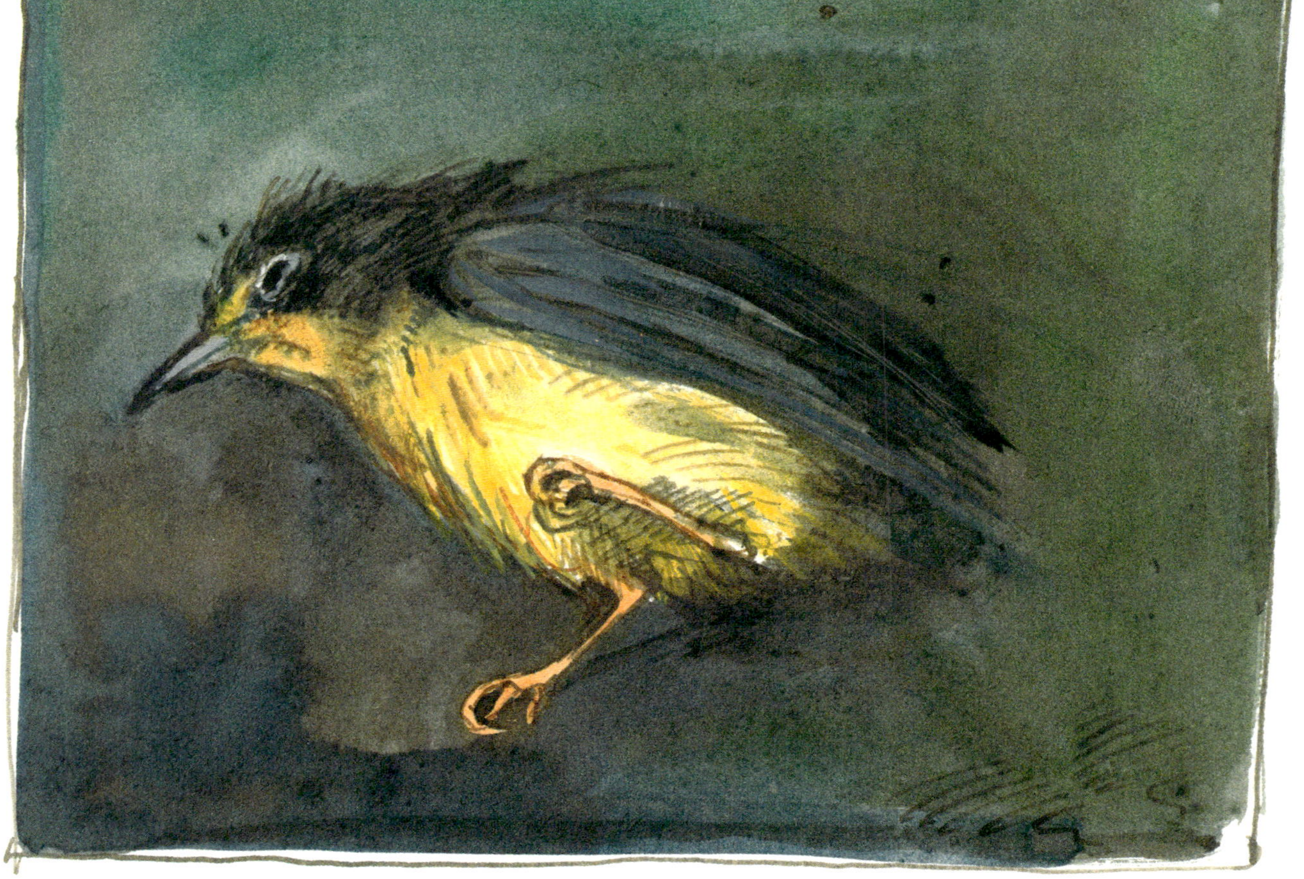

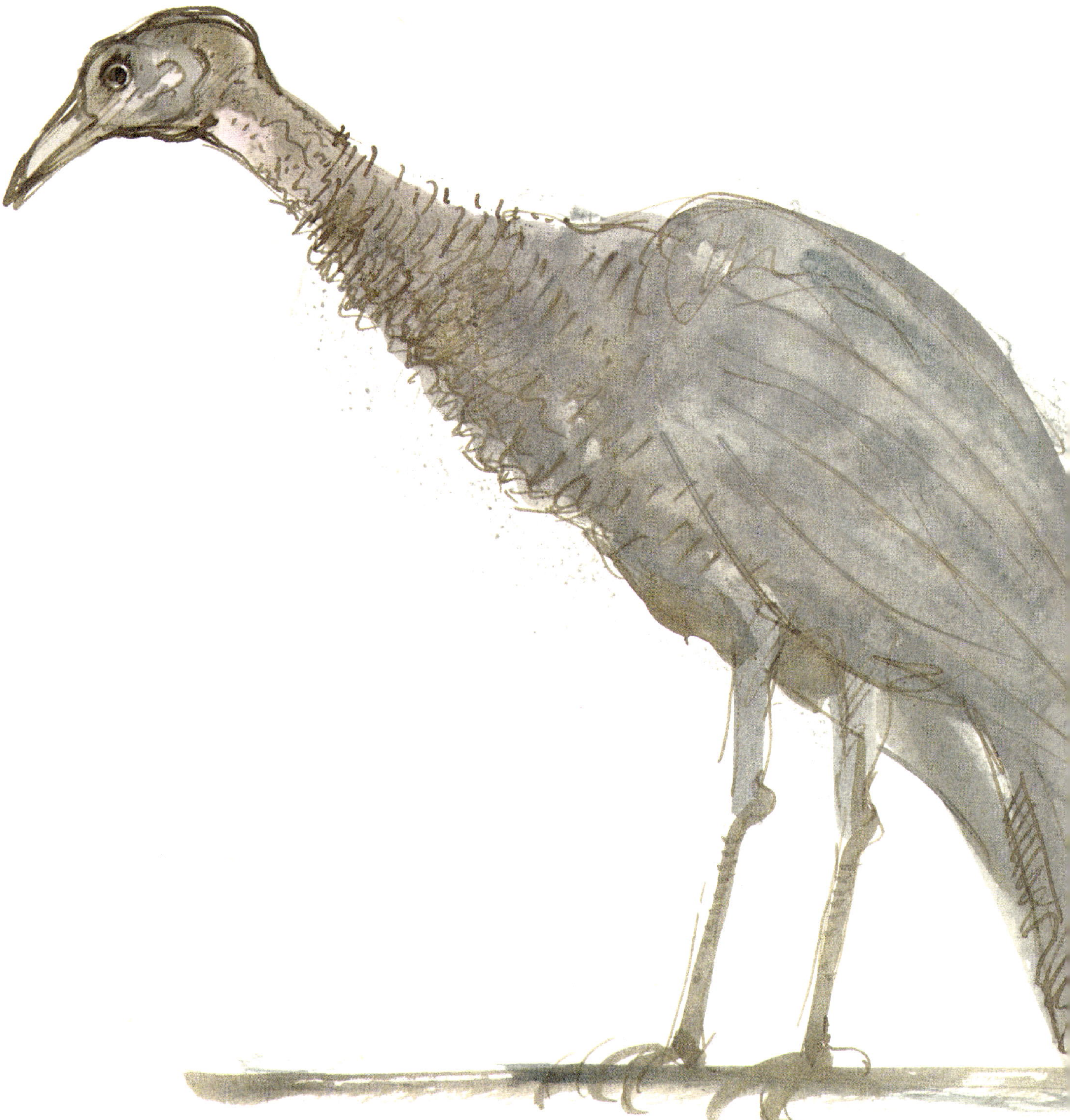

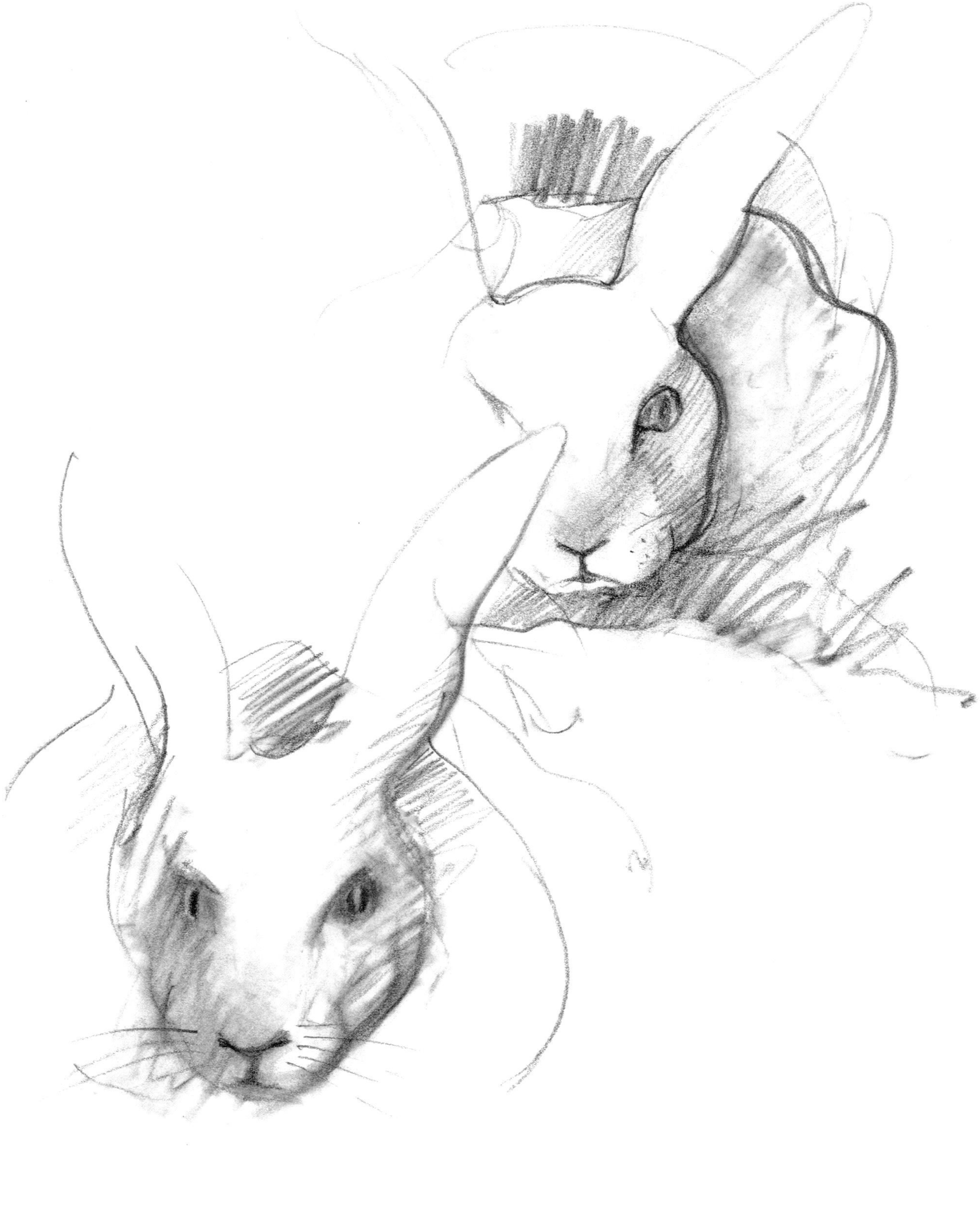

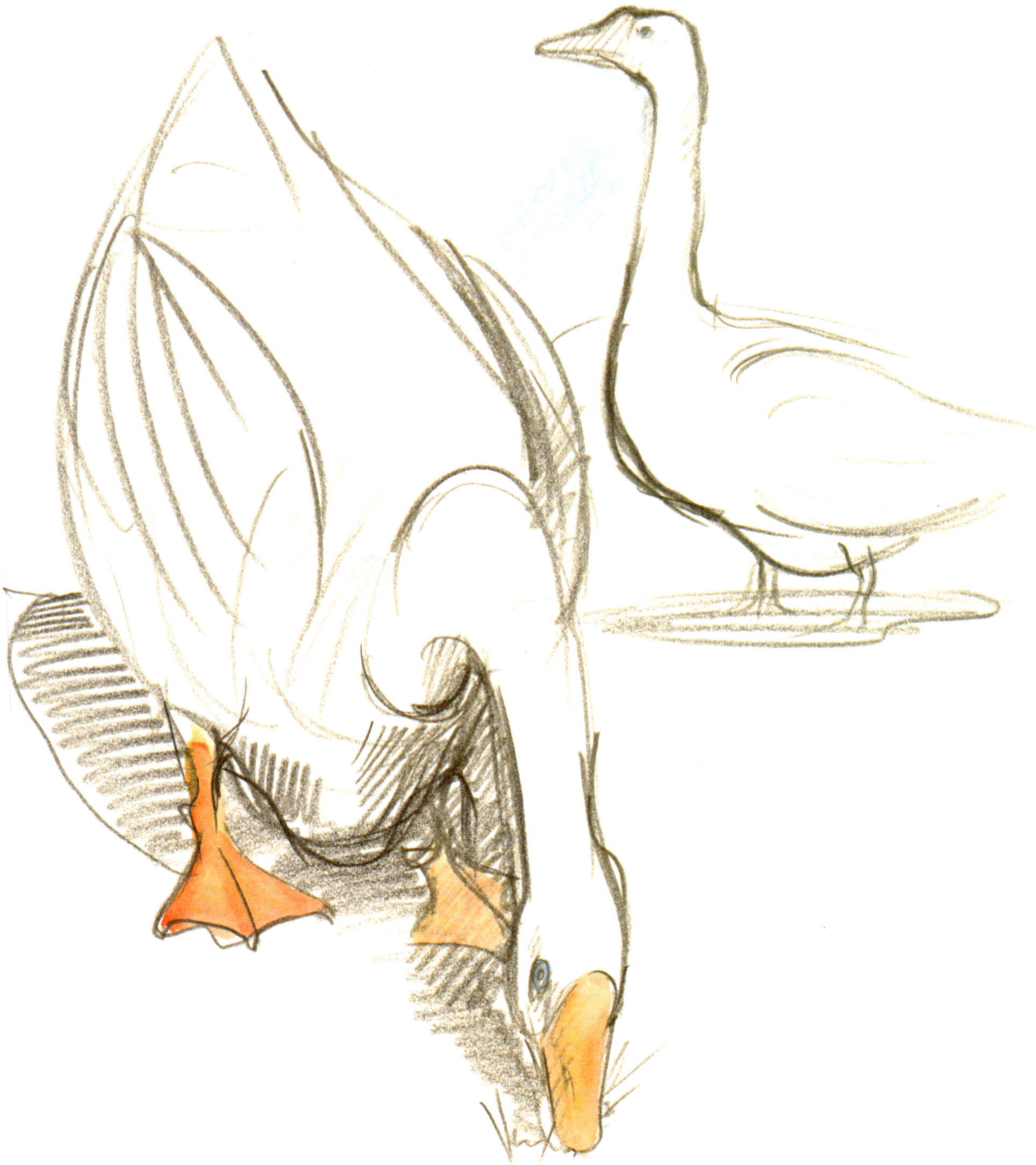

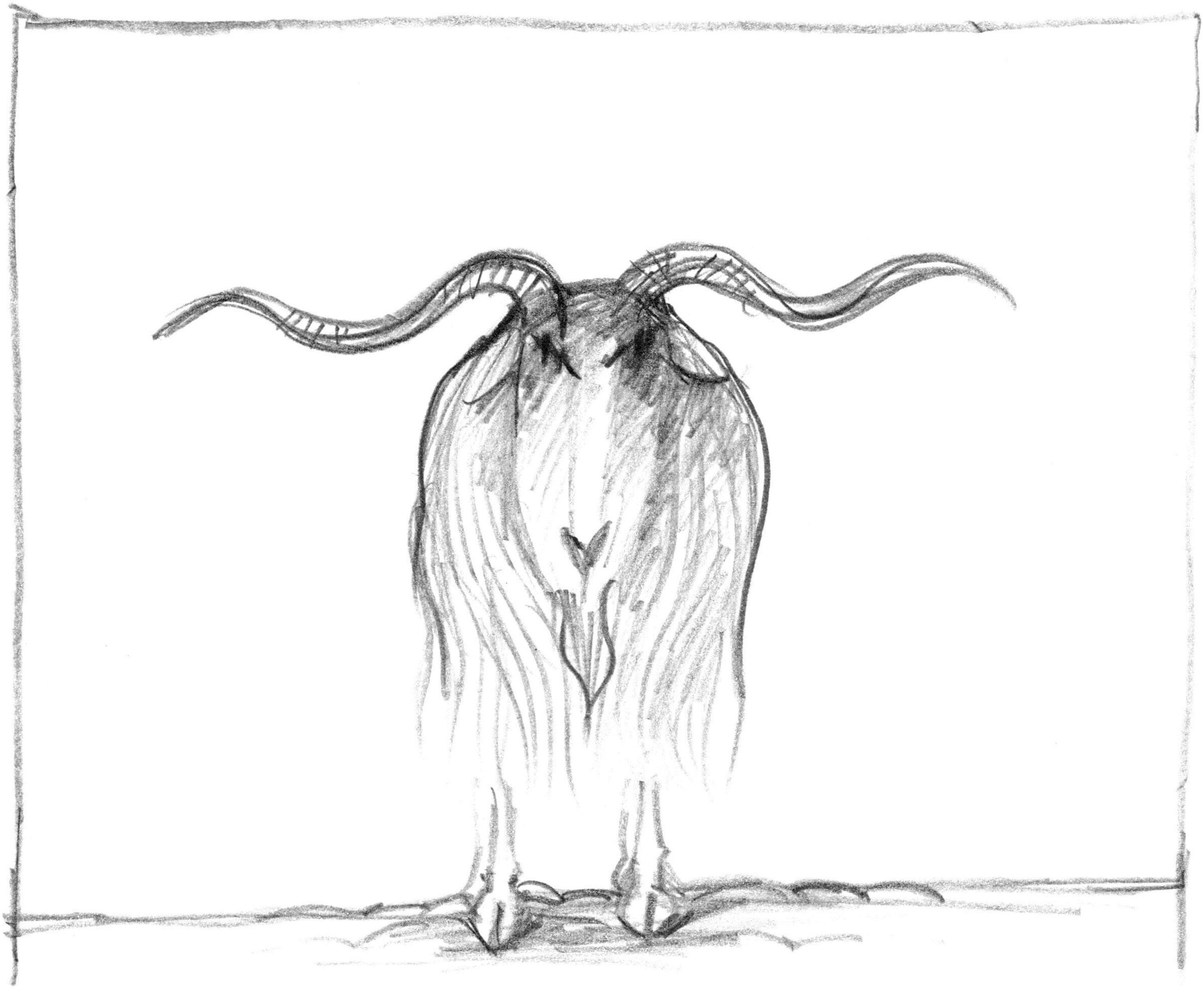

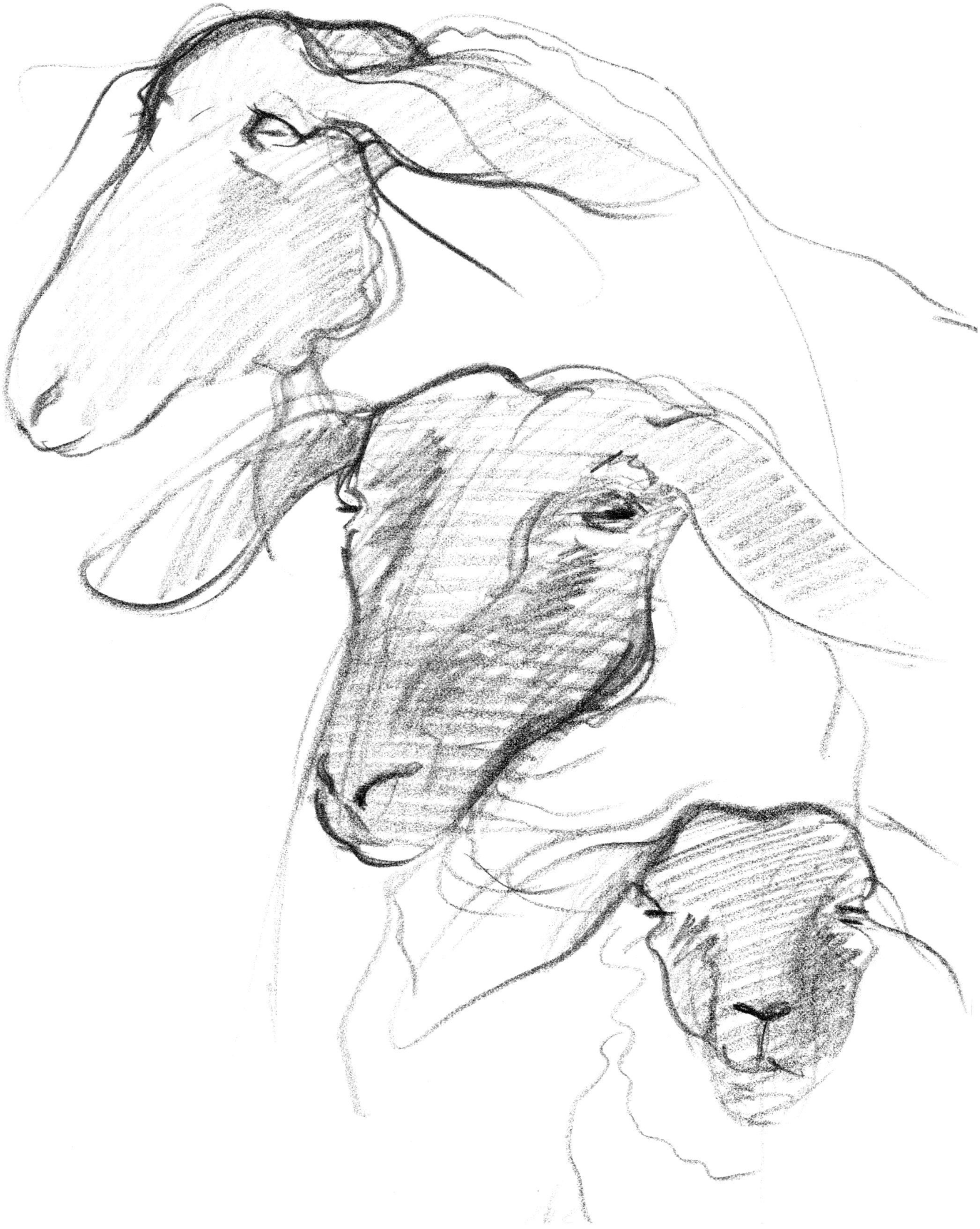

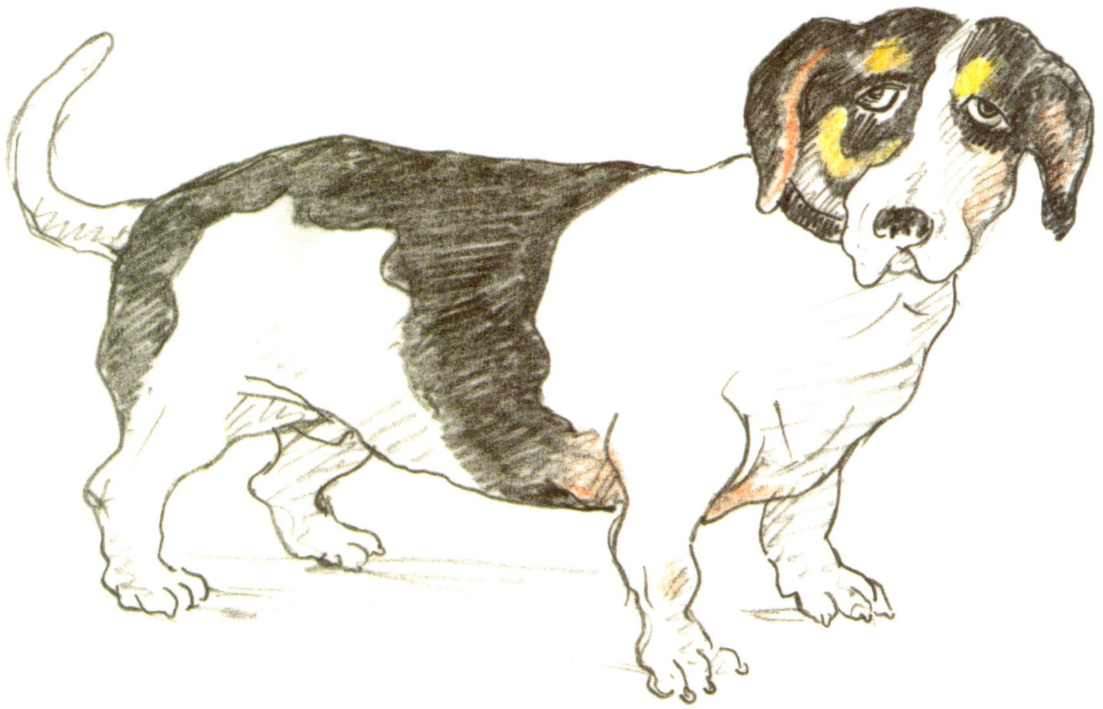

73

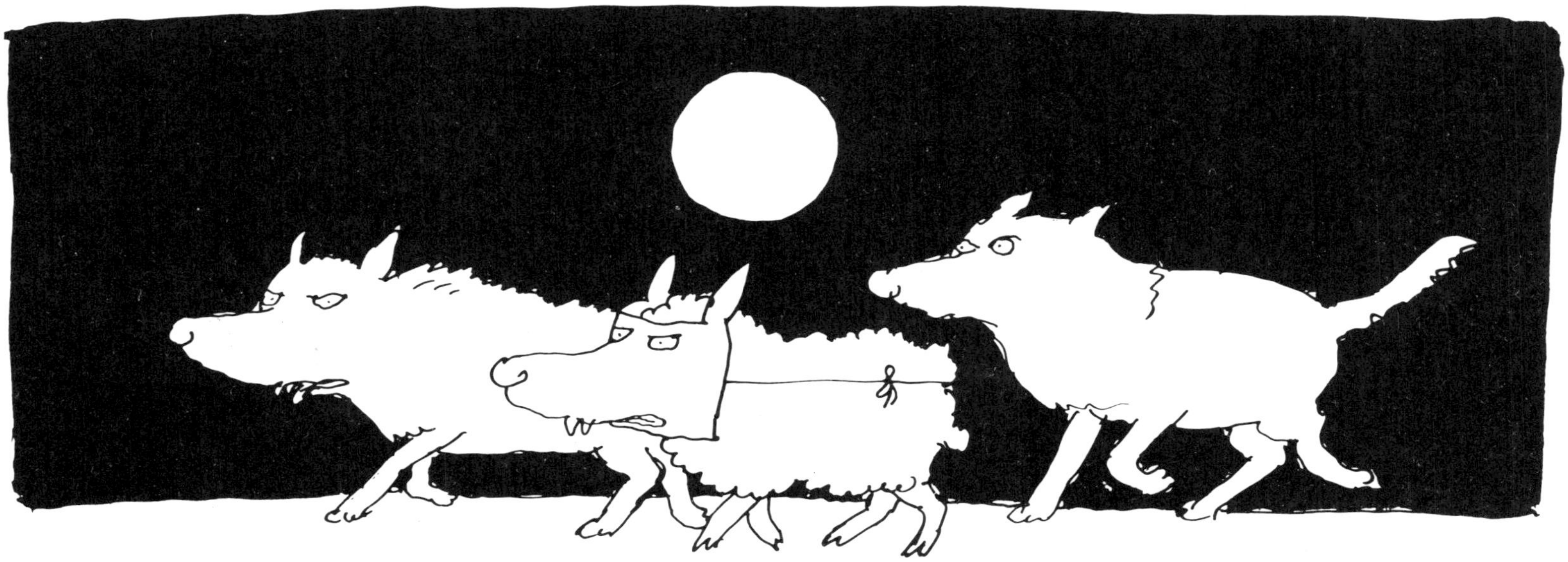

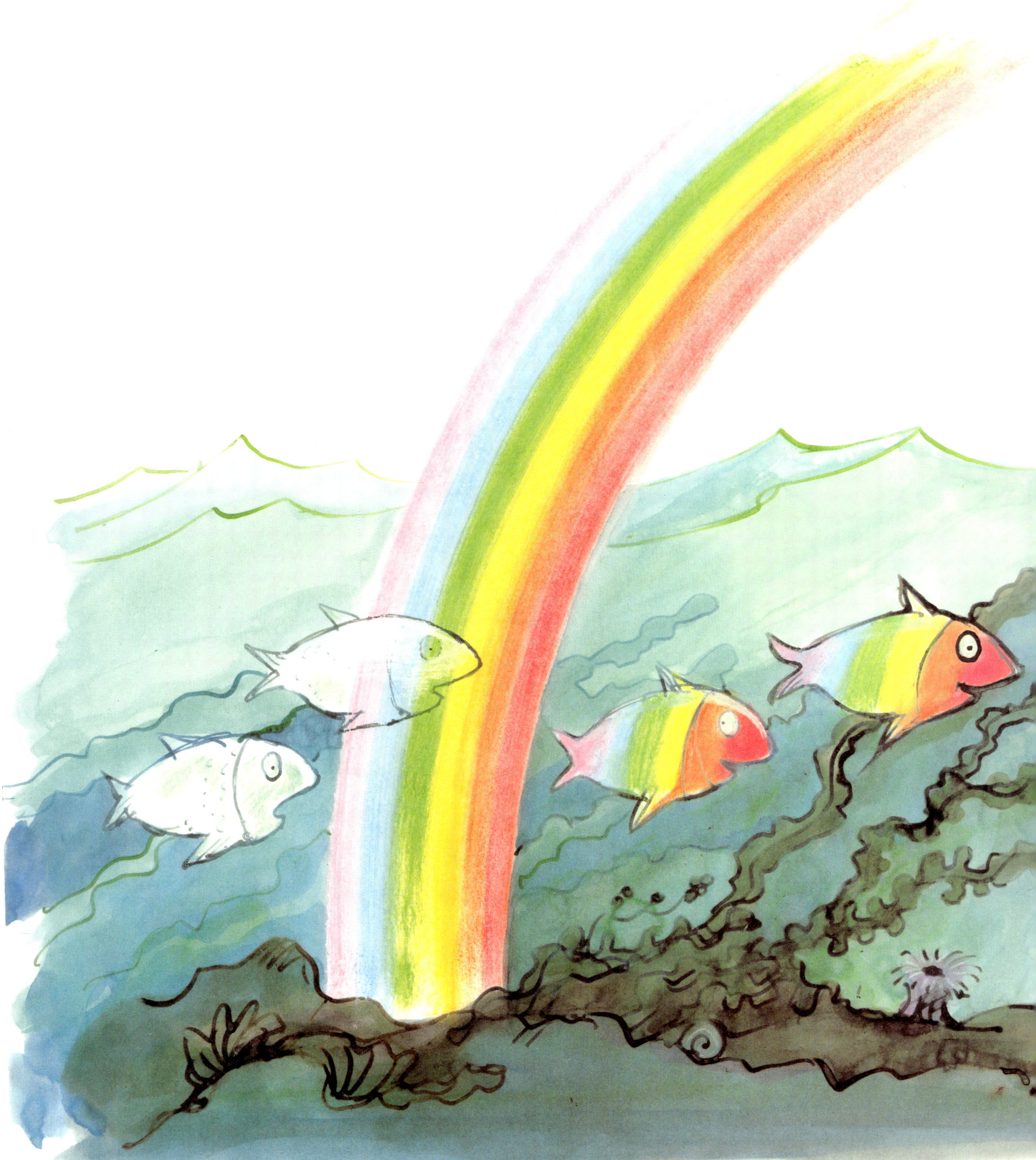

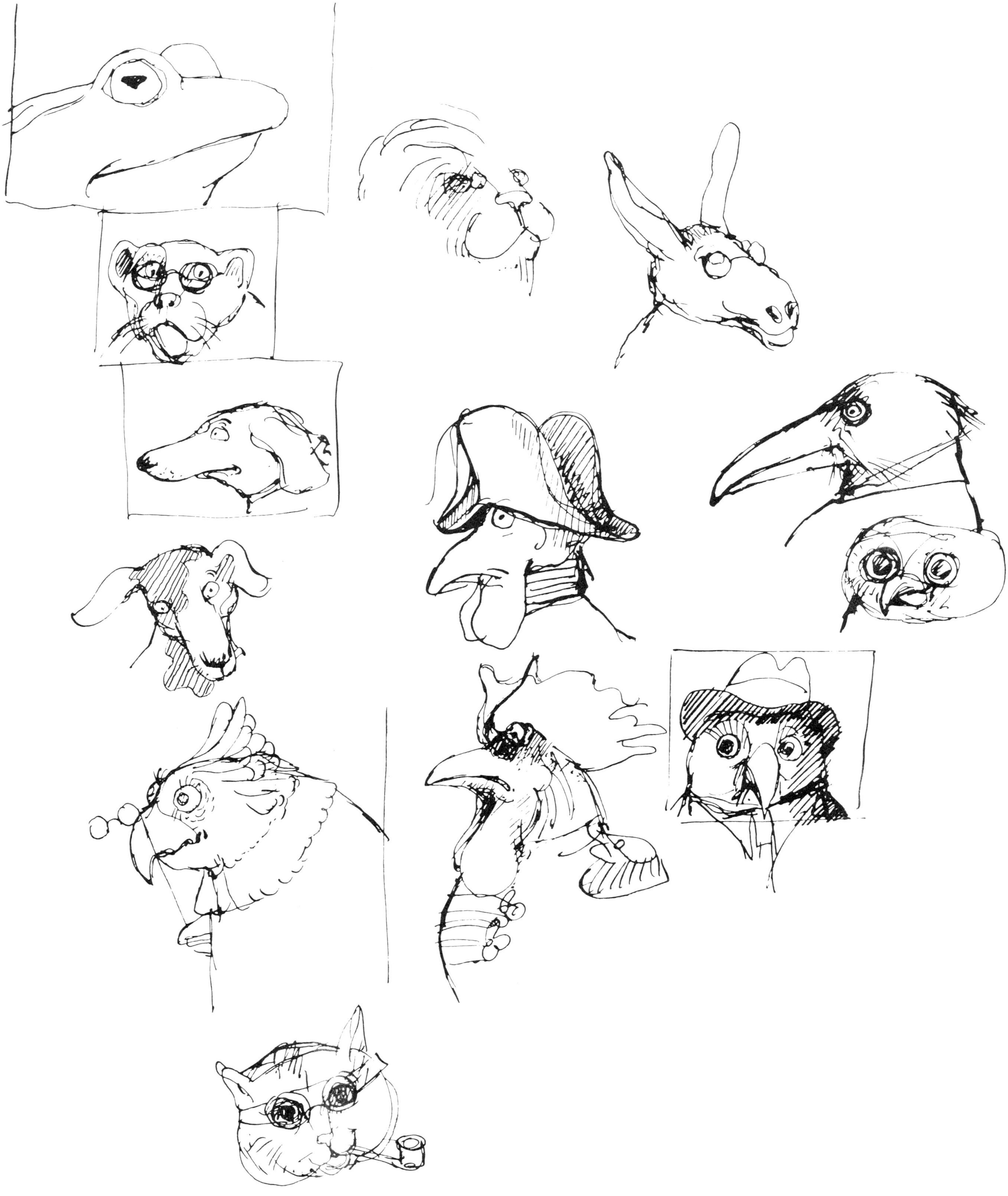

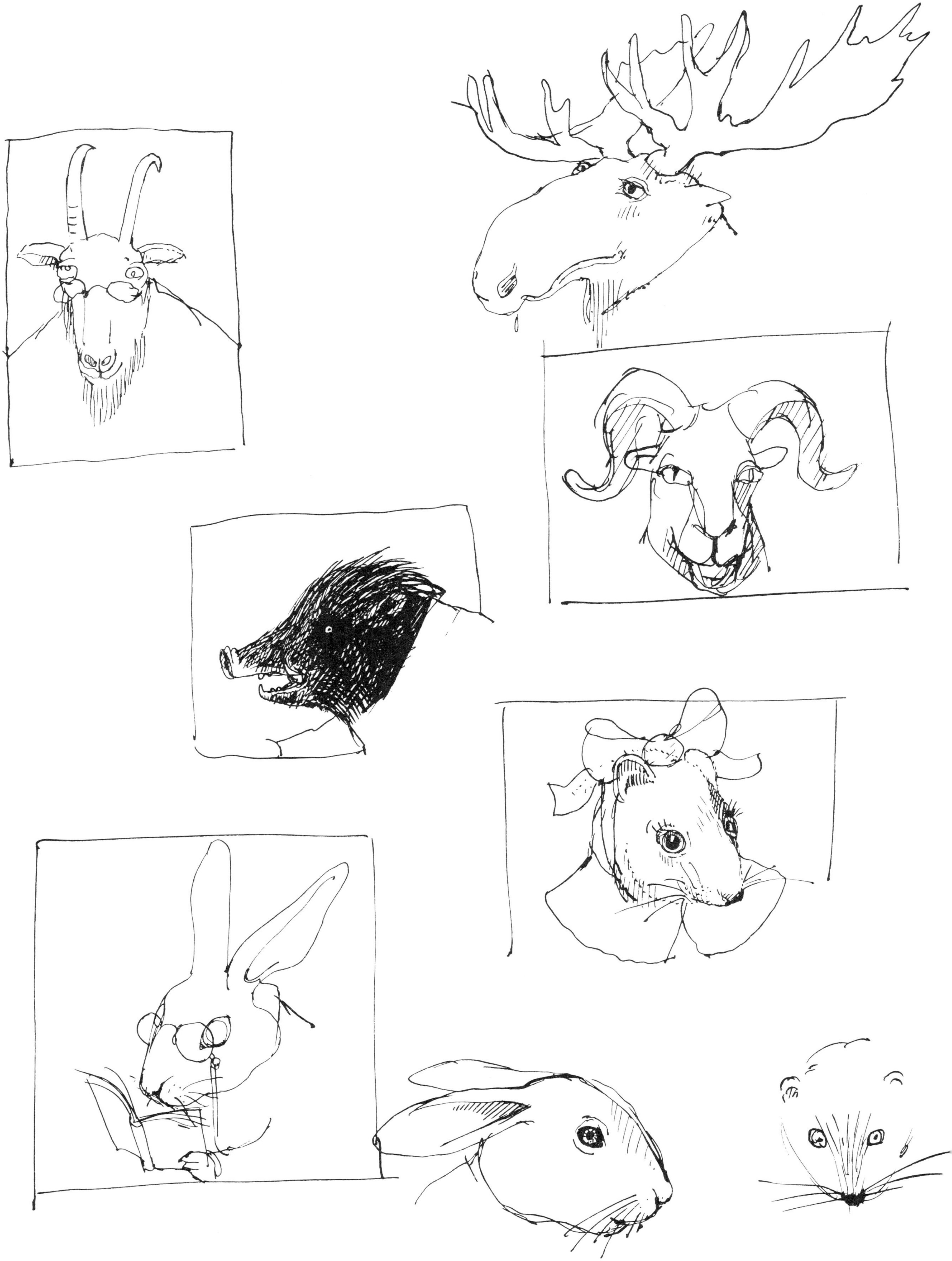

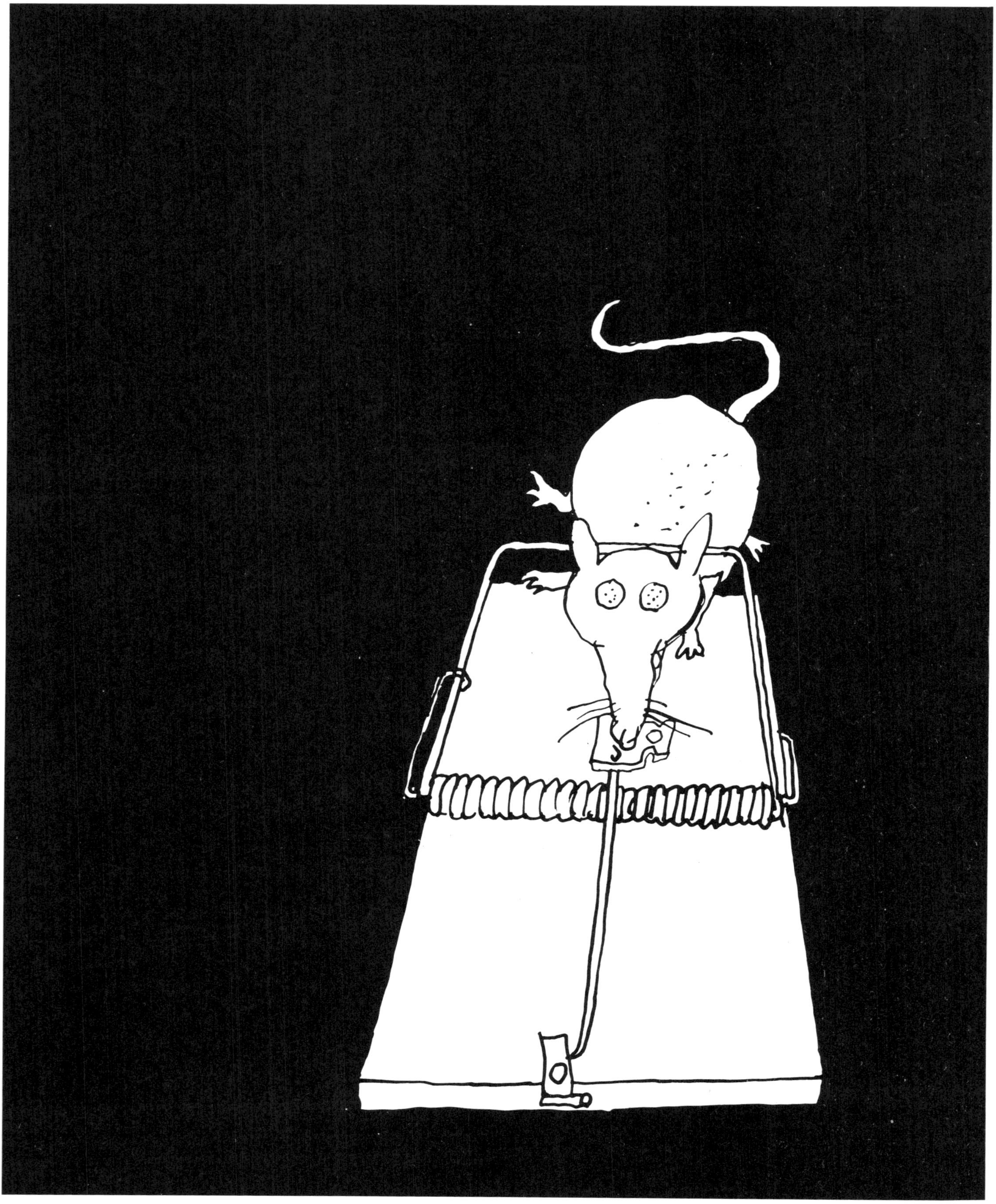

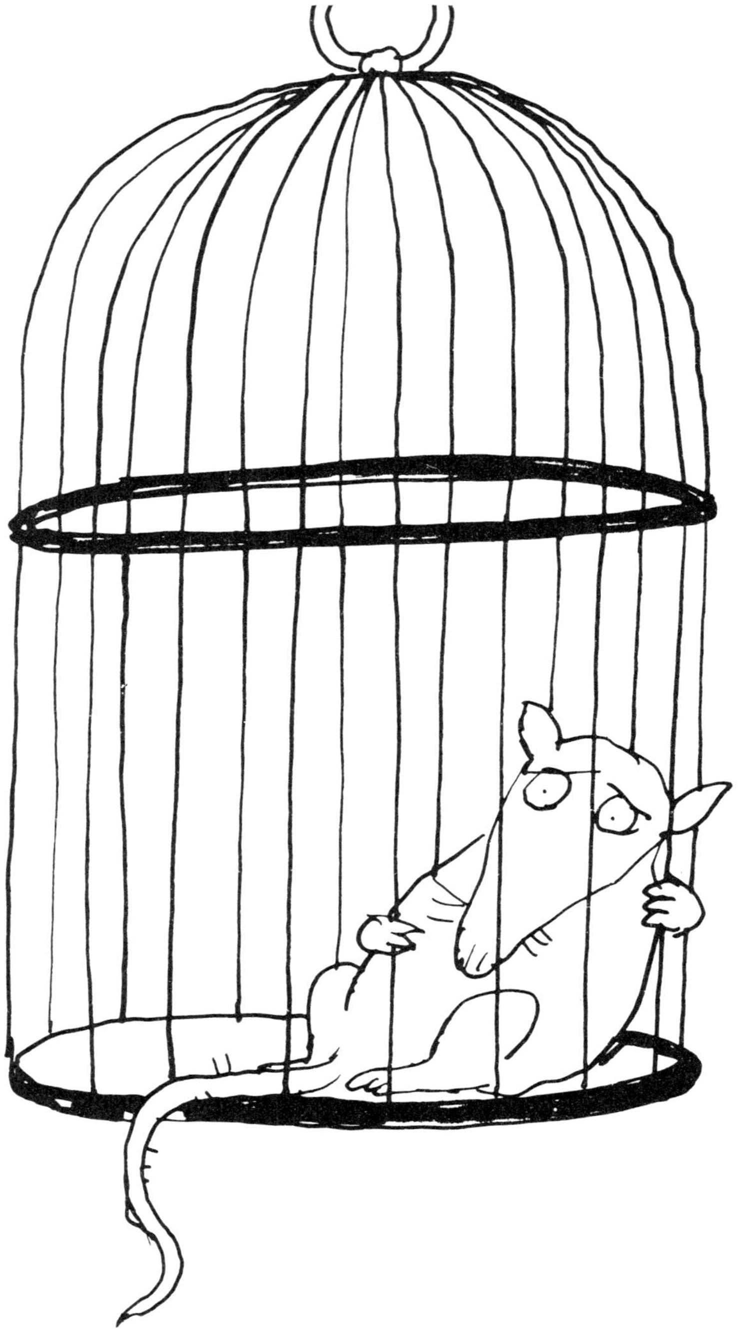

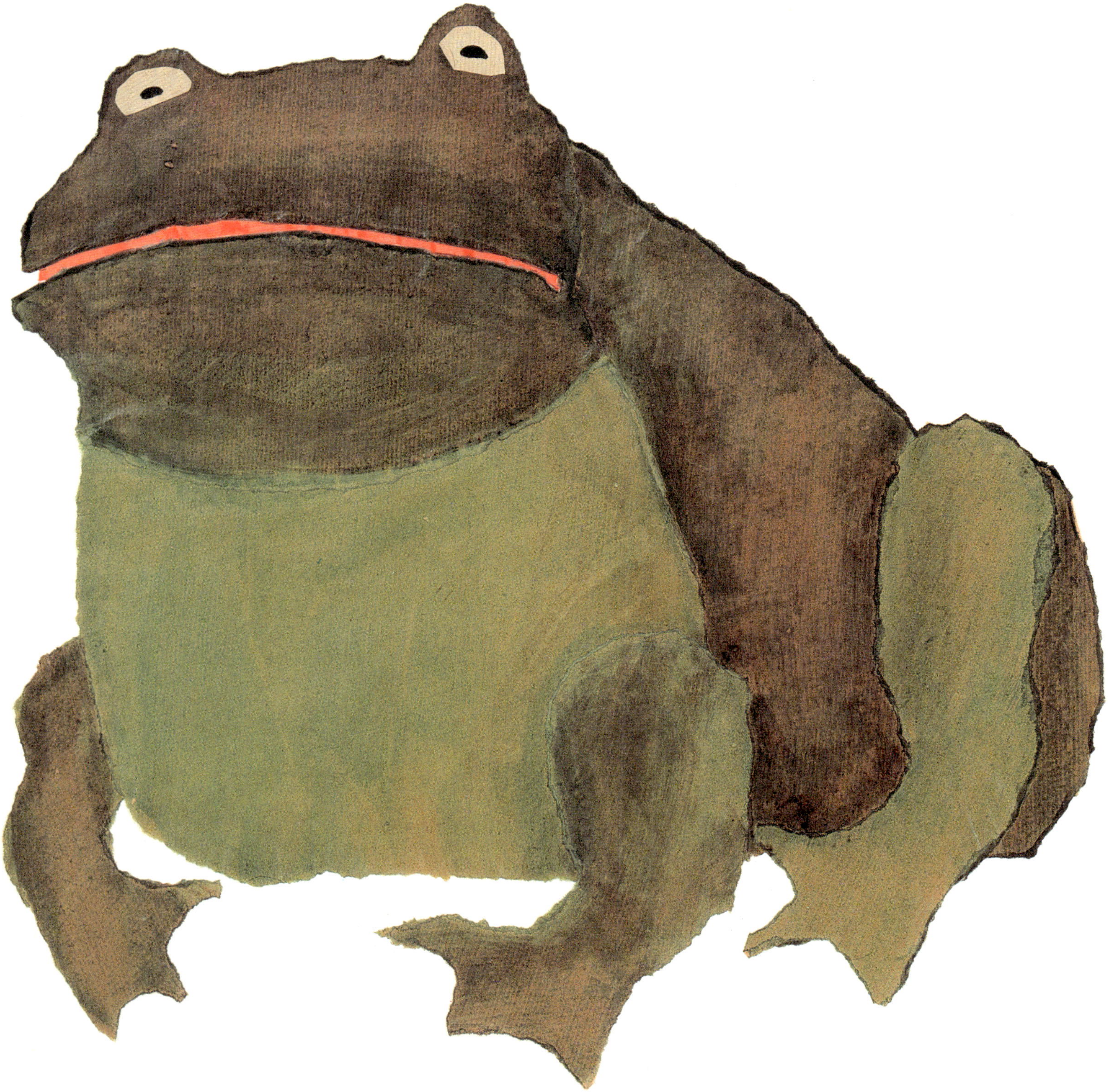

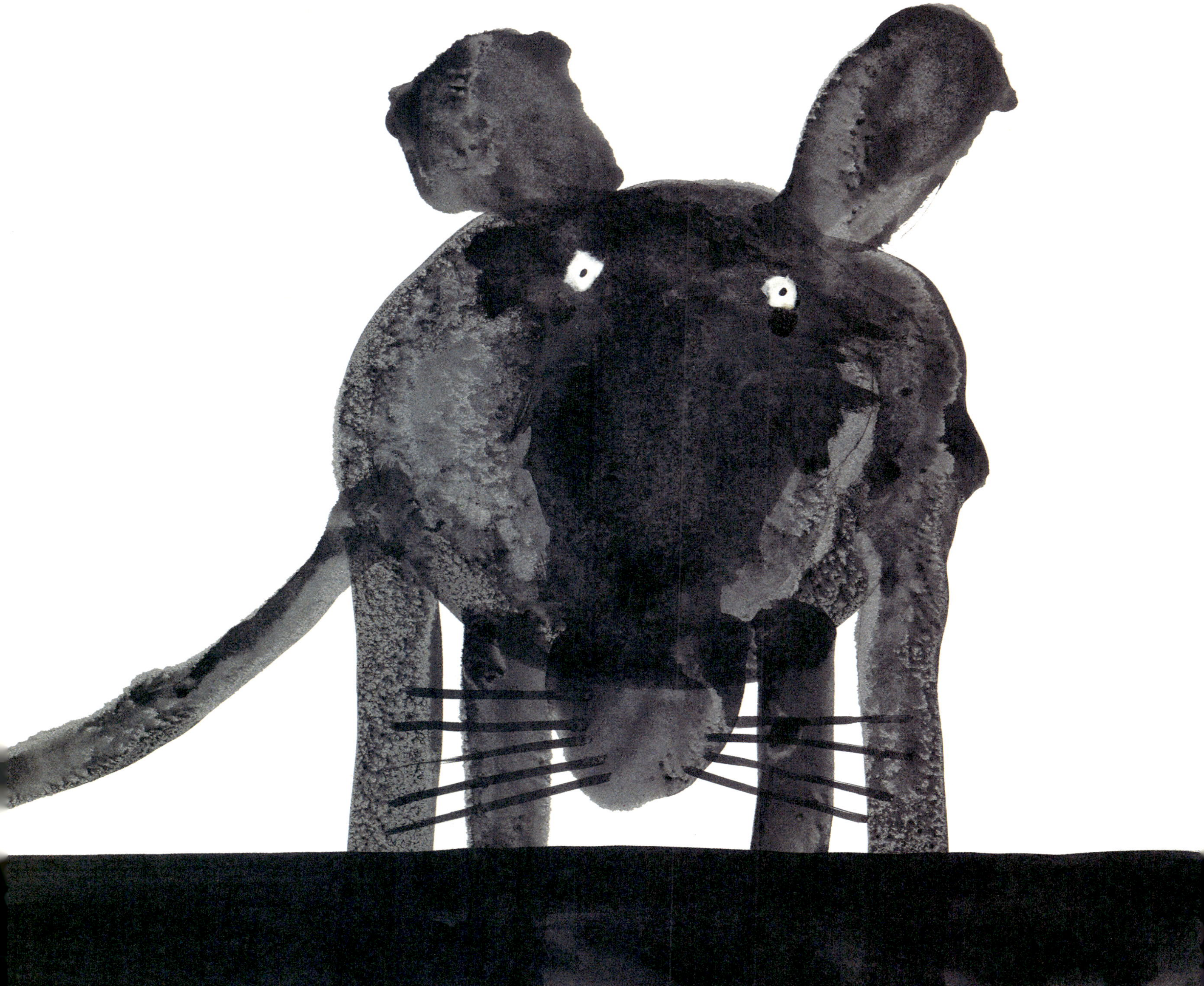

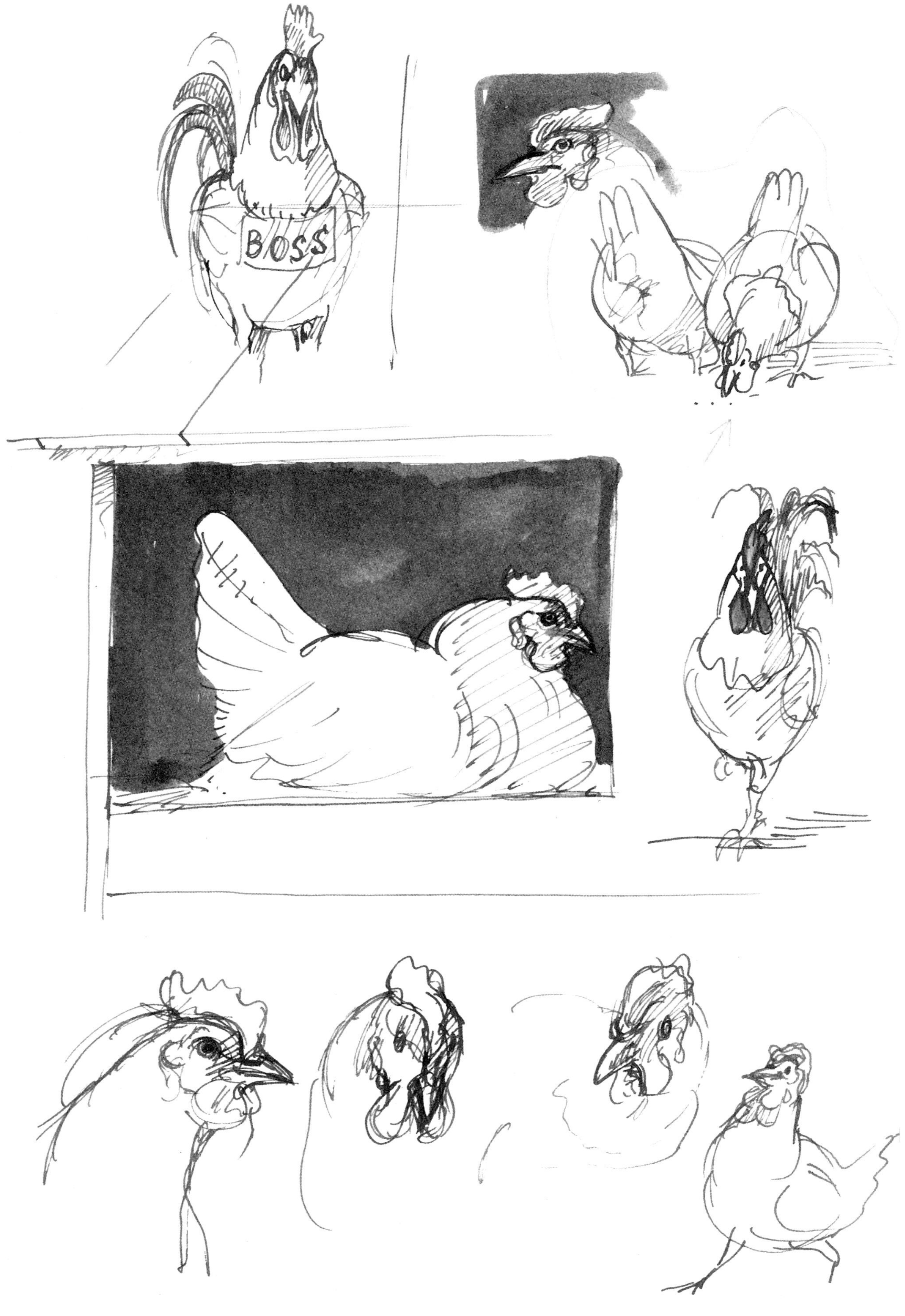
BOSS

87

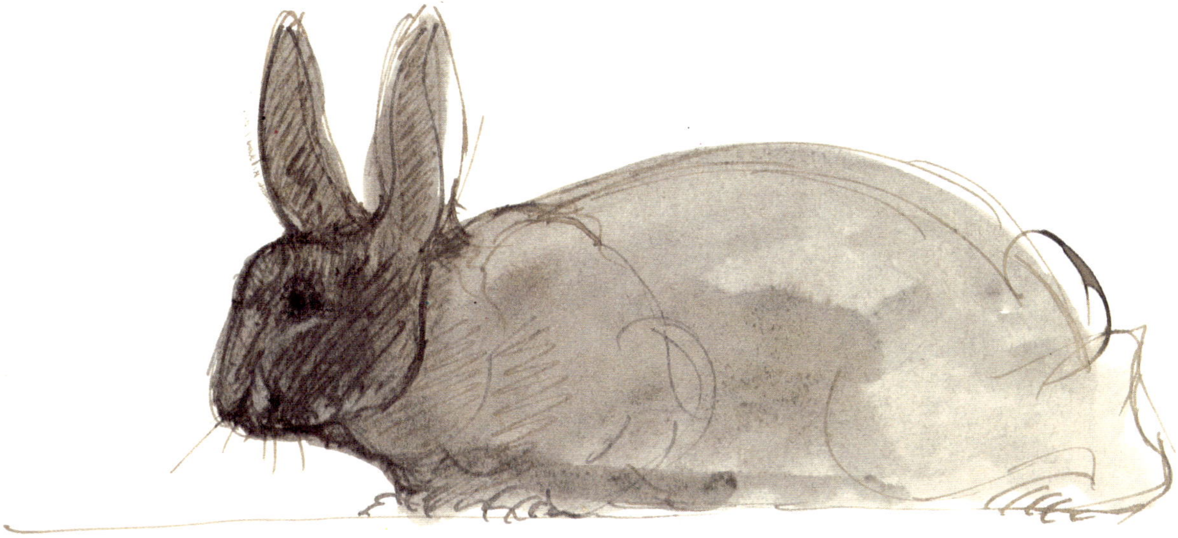

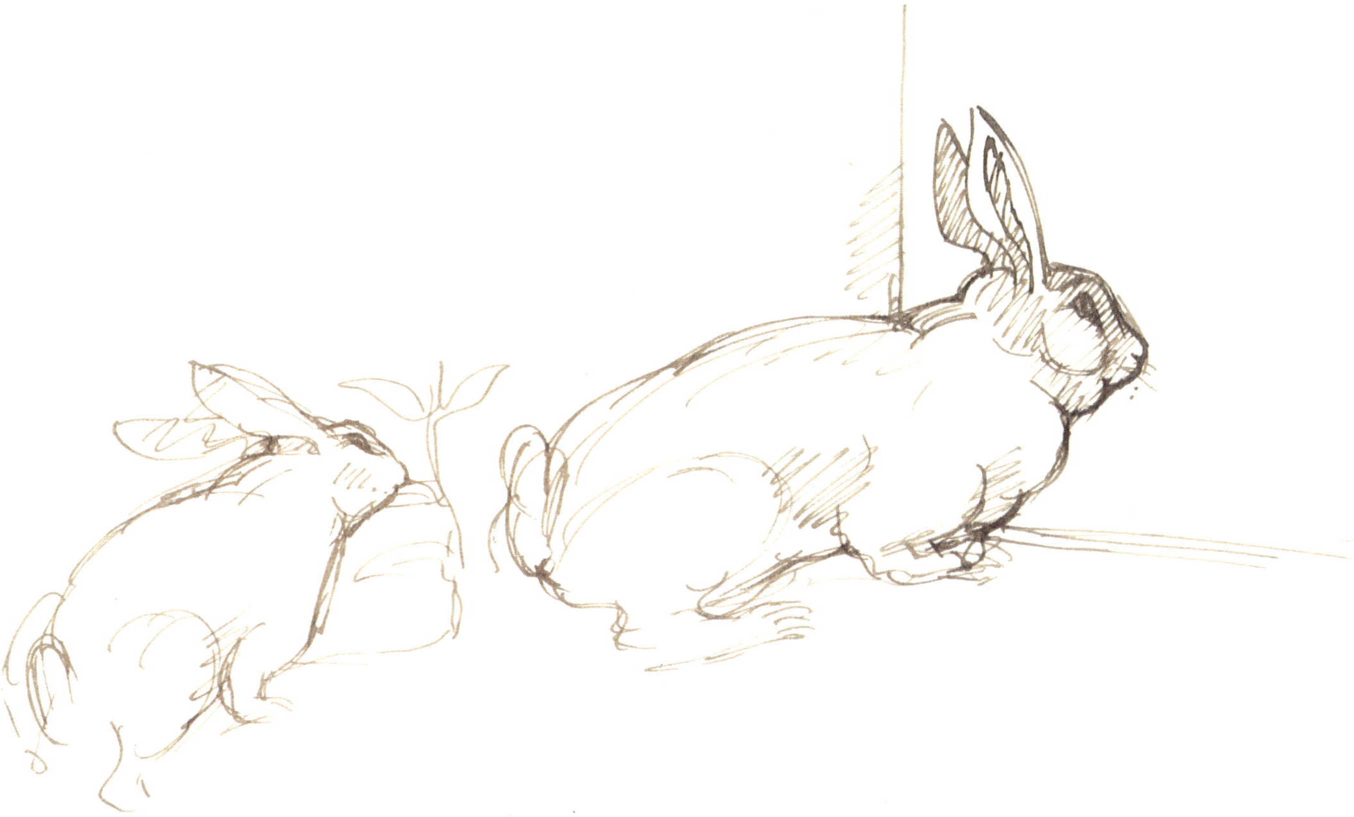

89

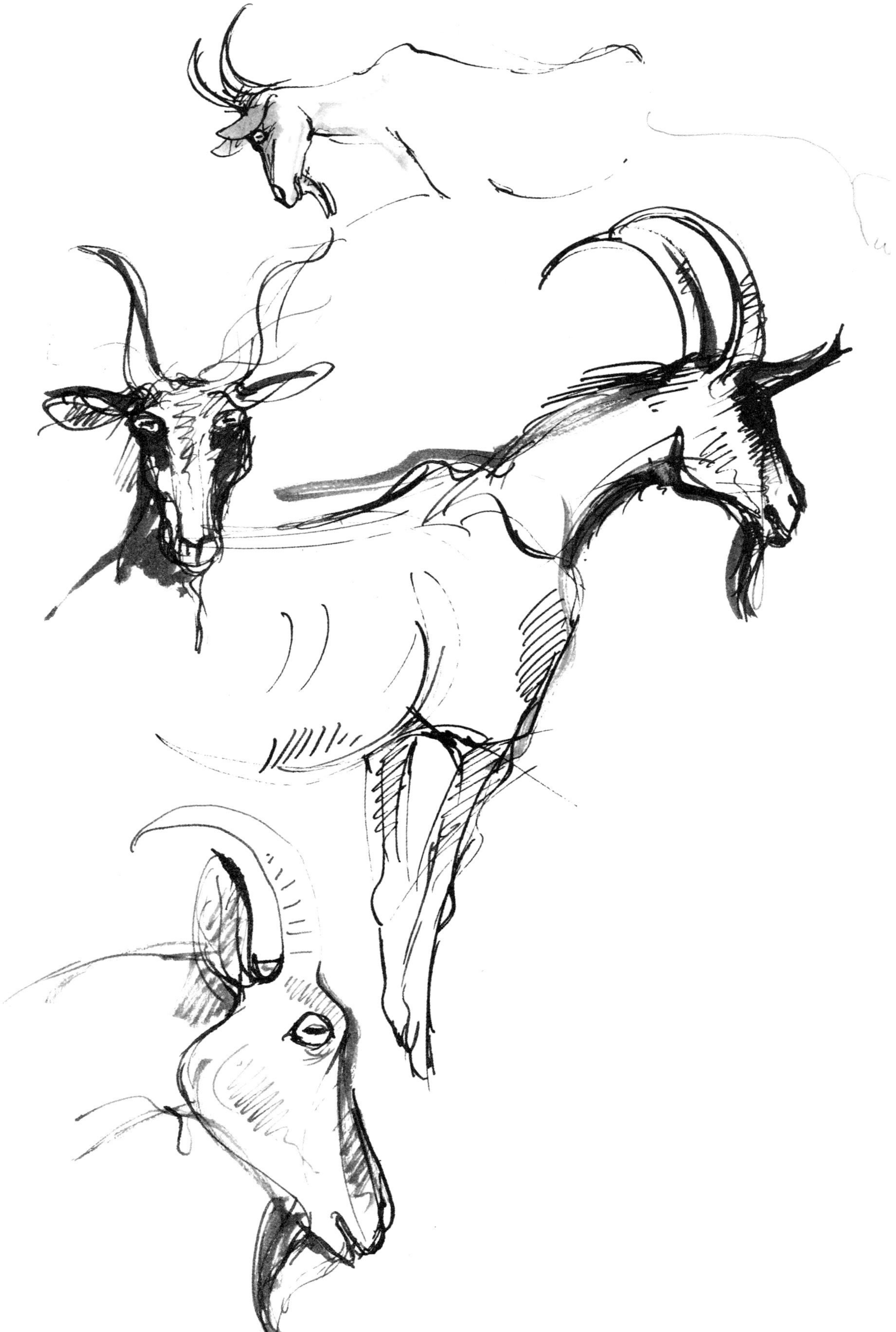

91

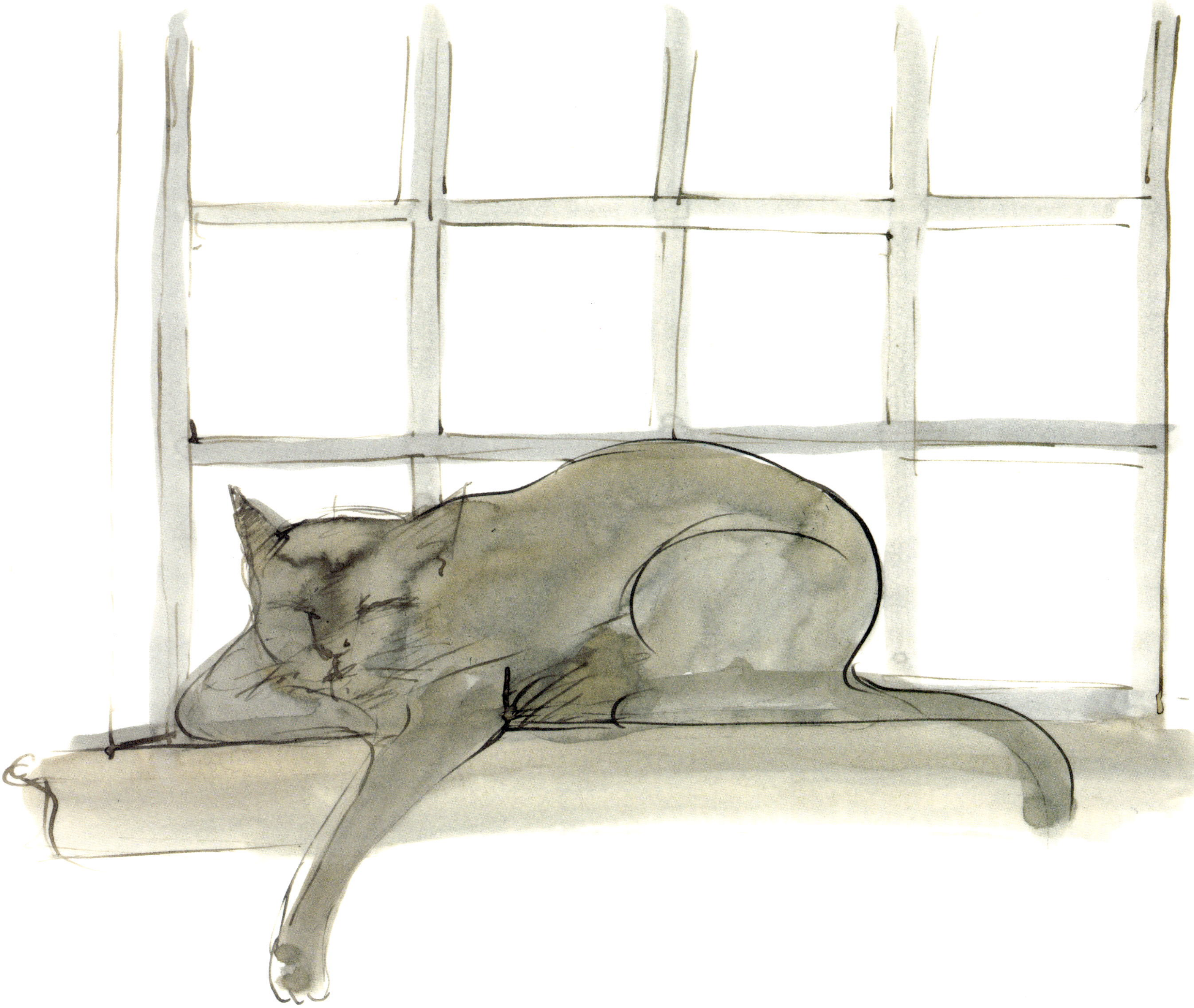

93

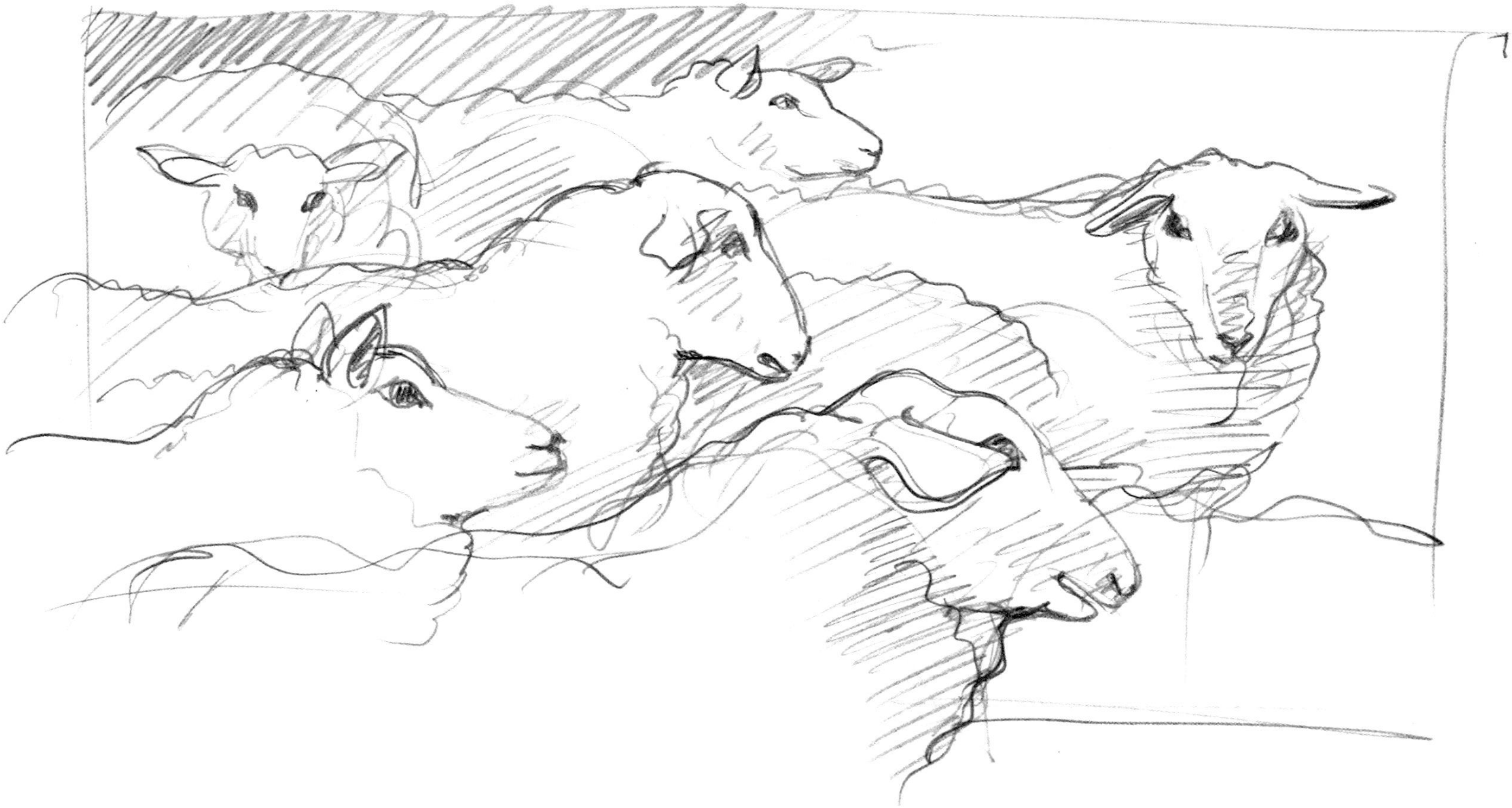

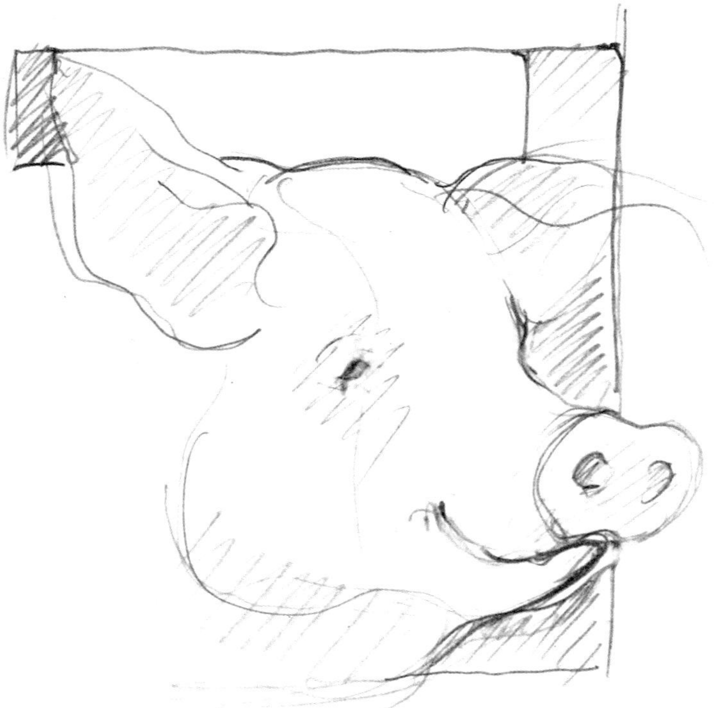

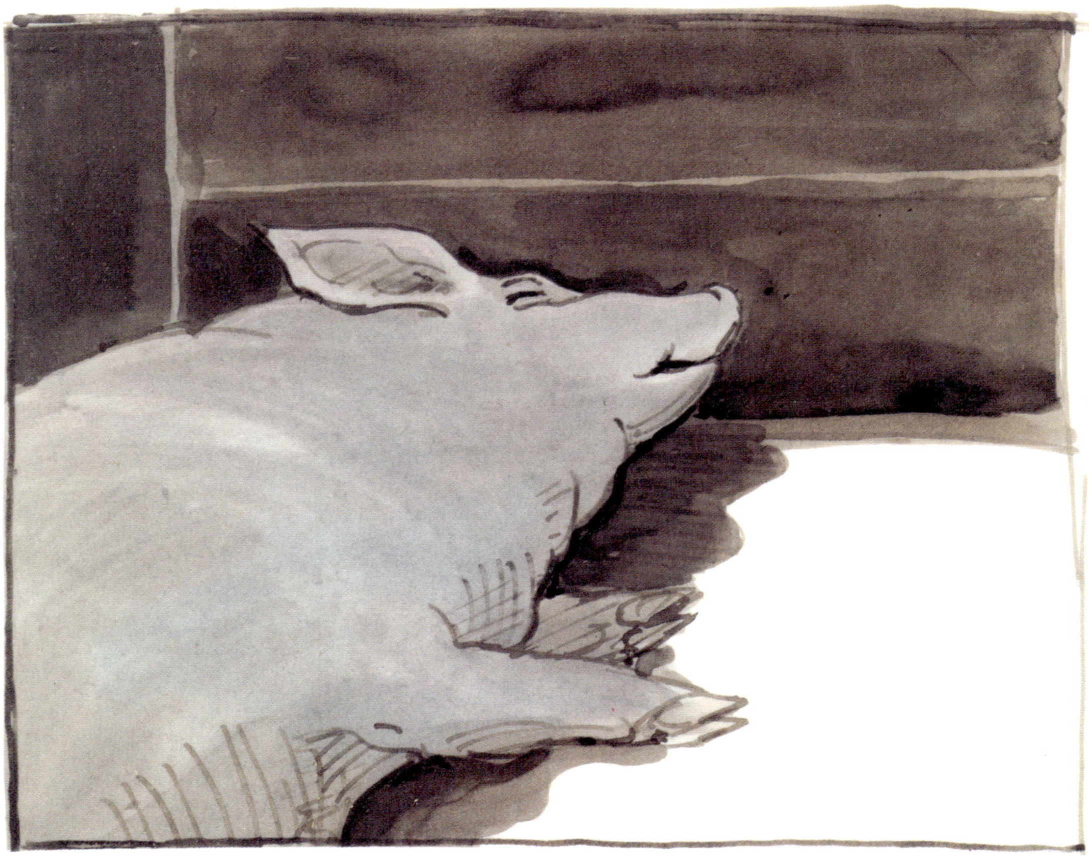

97

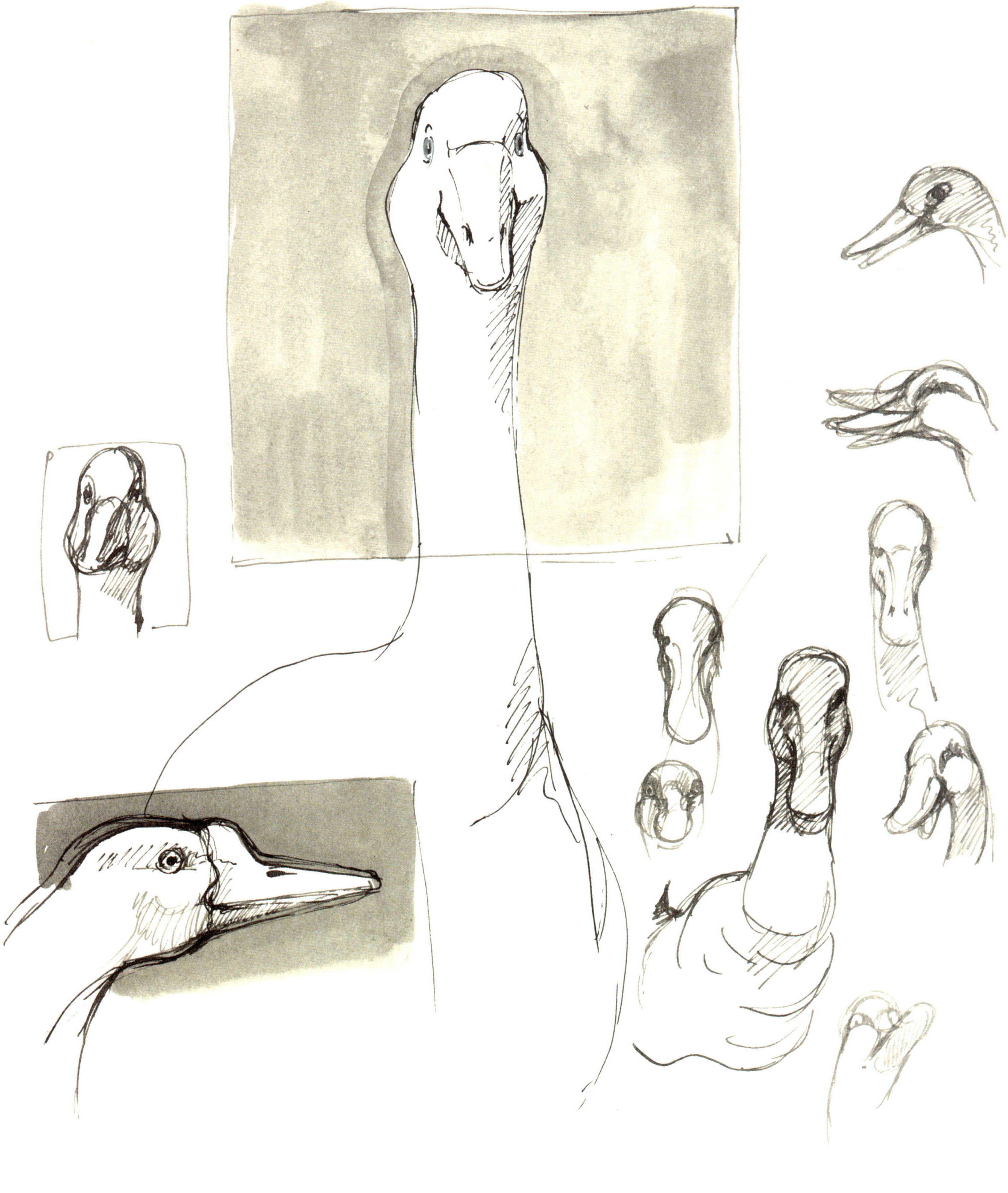

99

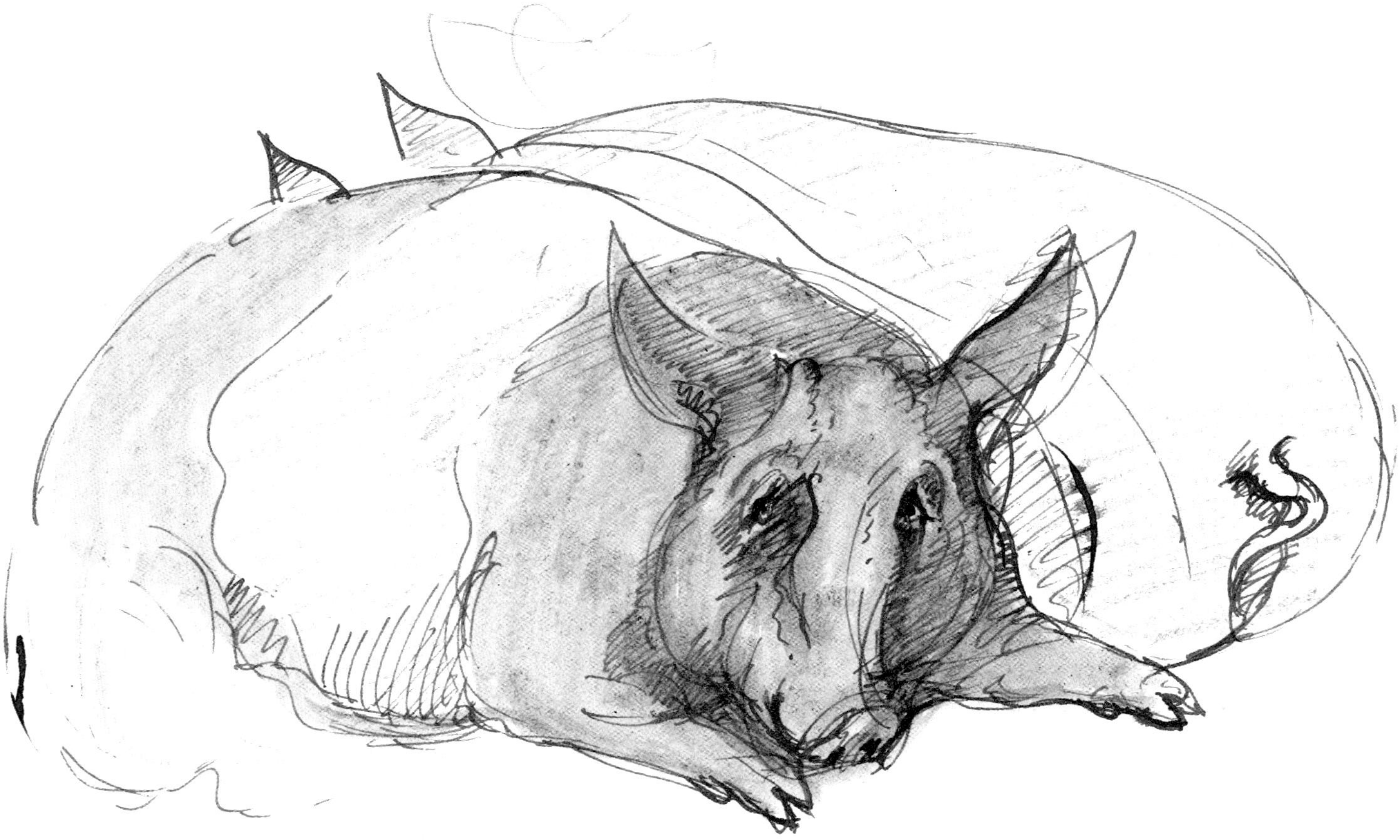

101

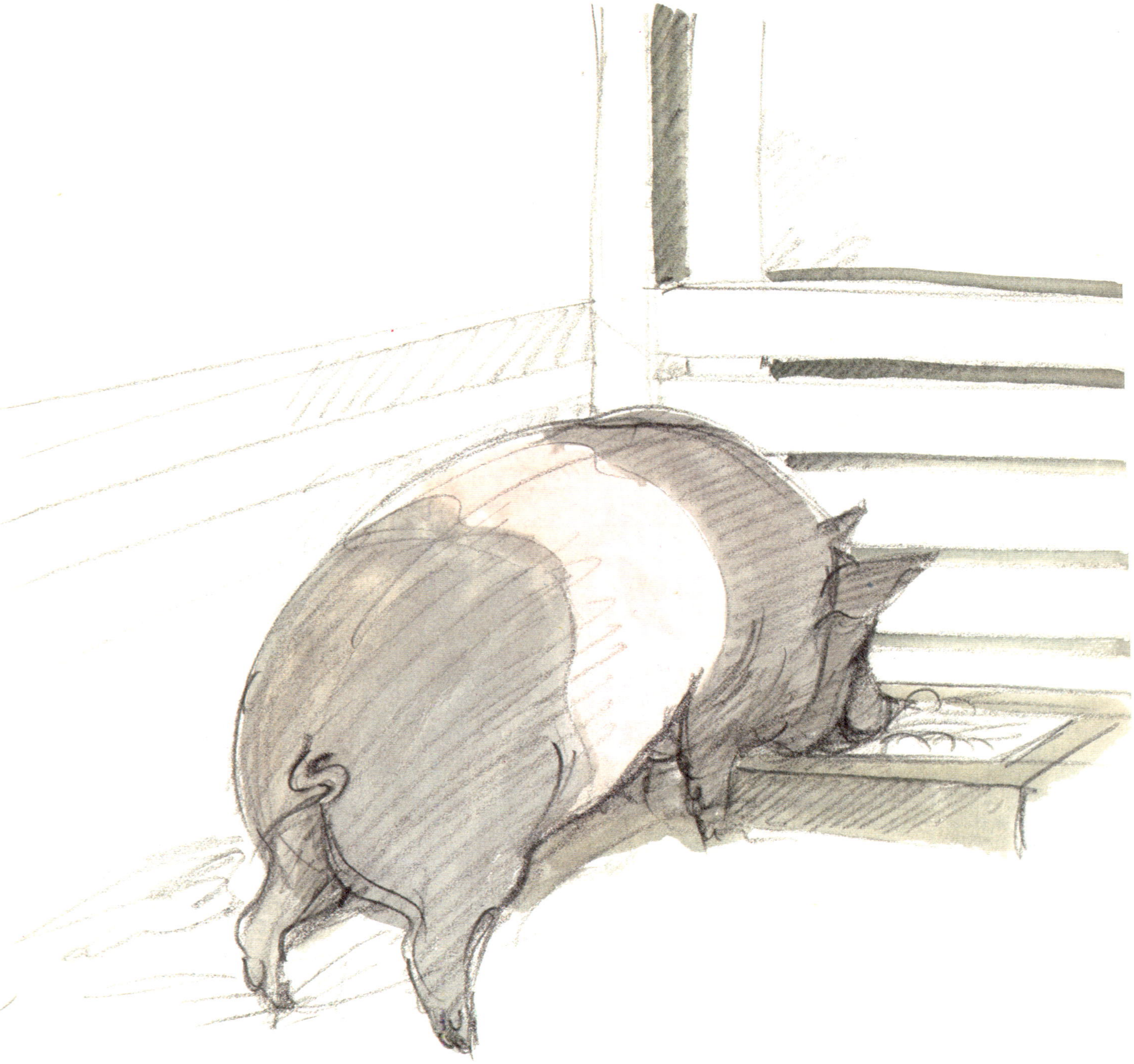

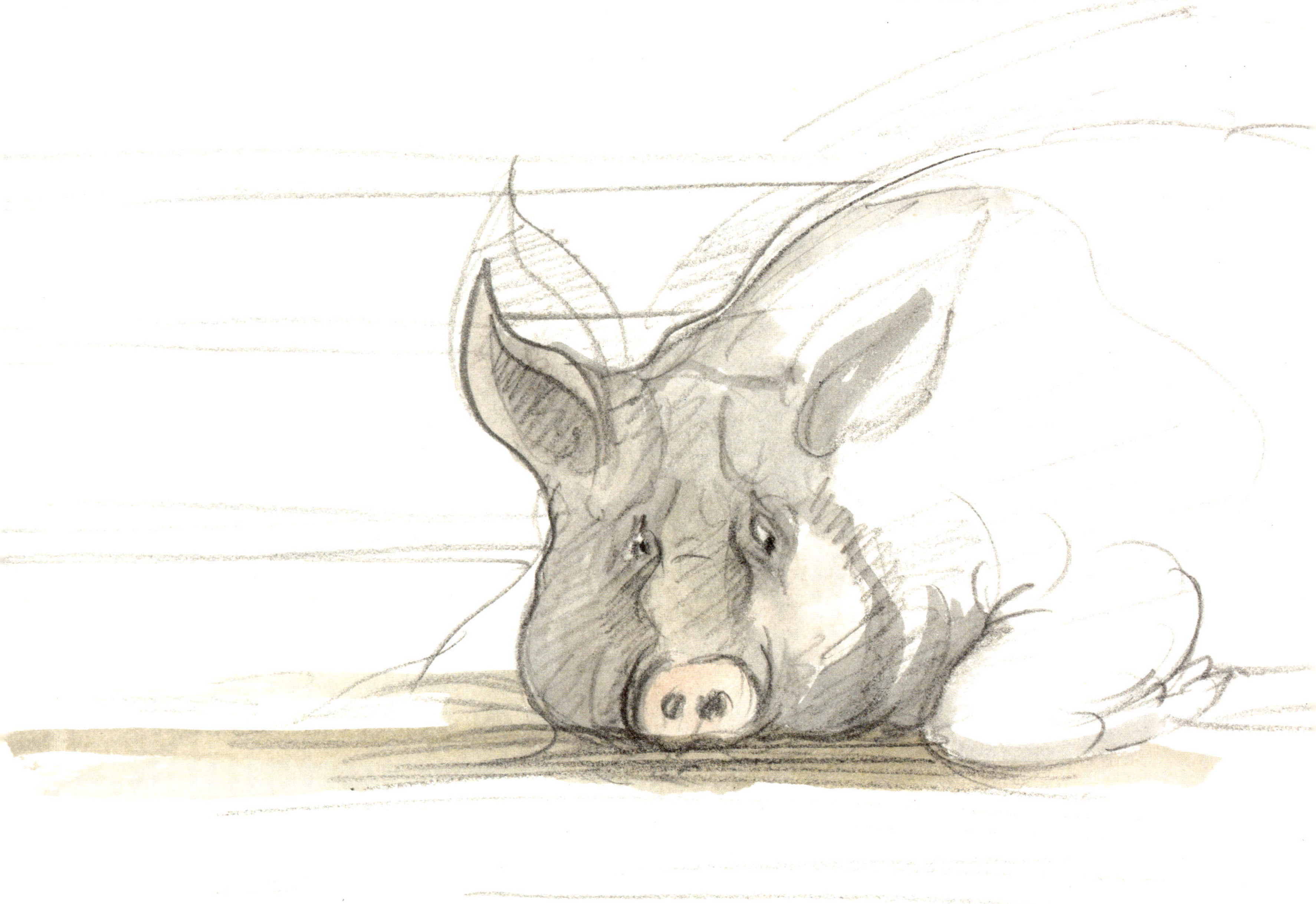

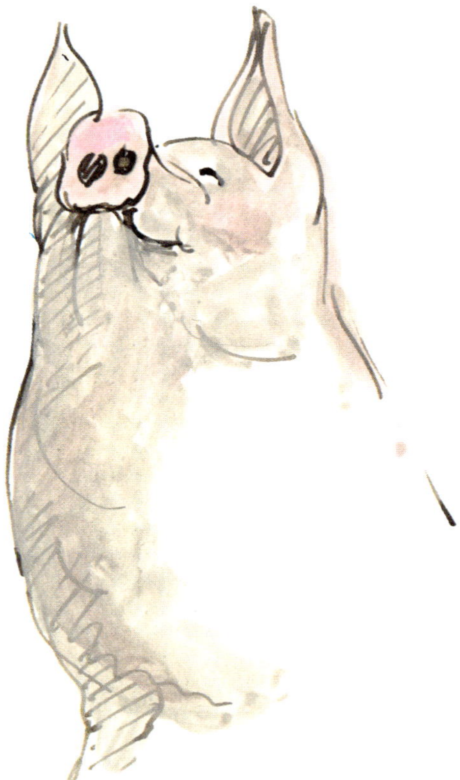

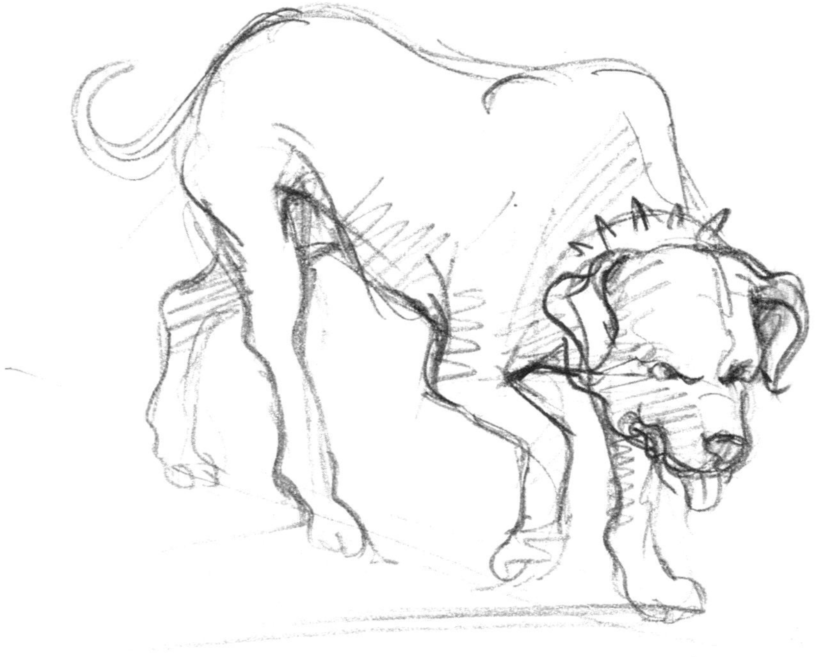

107

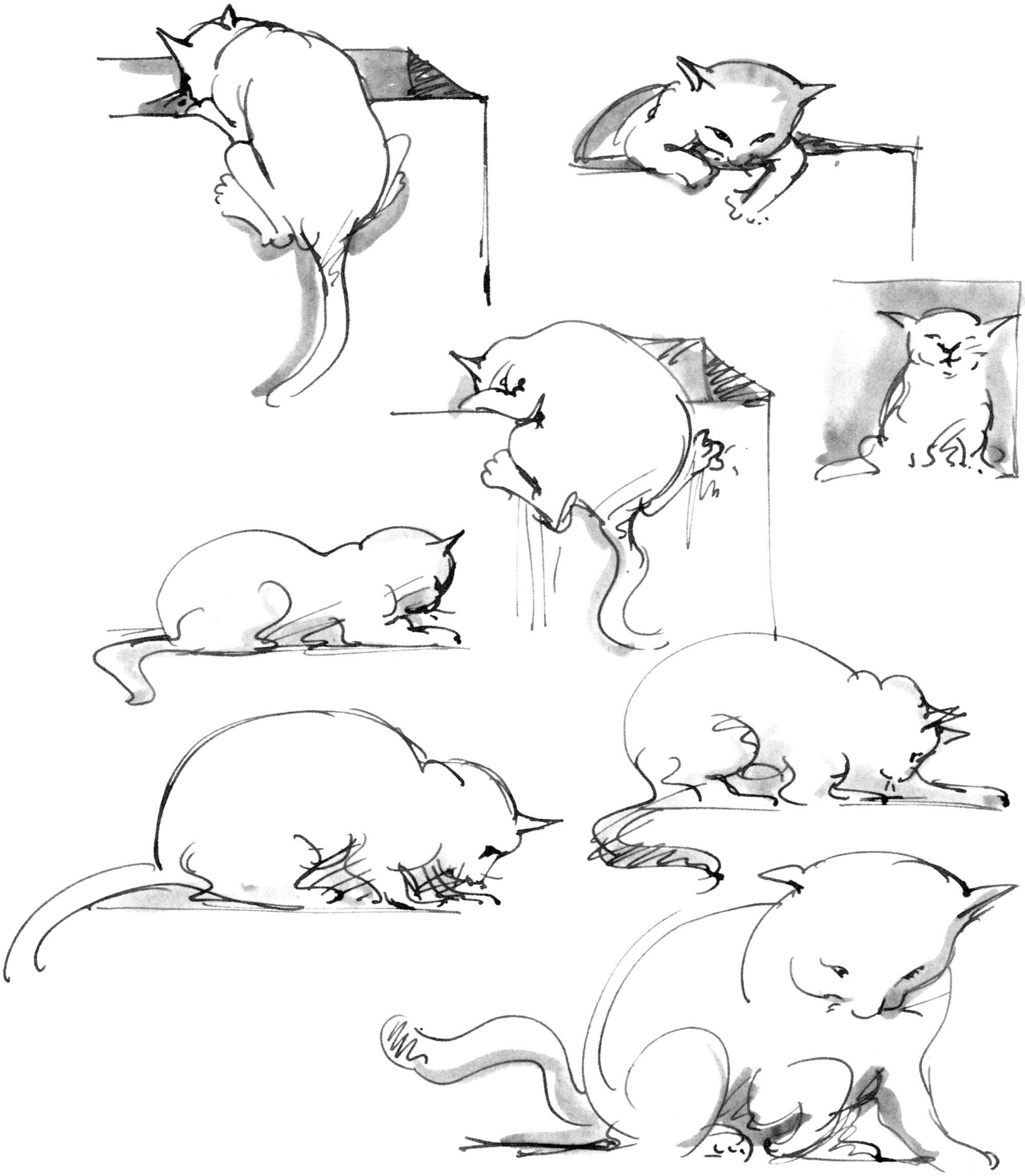

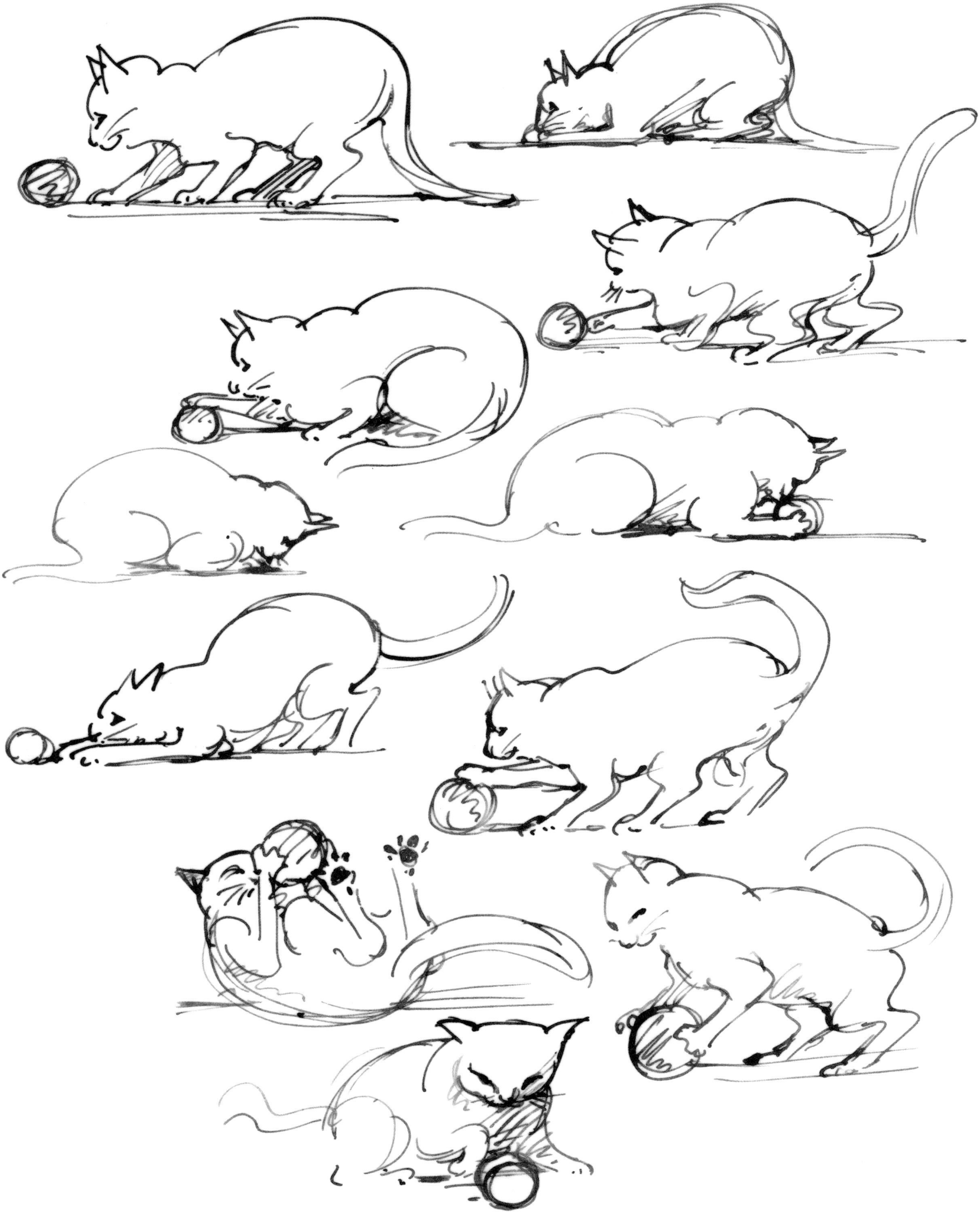

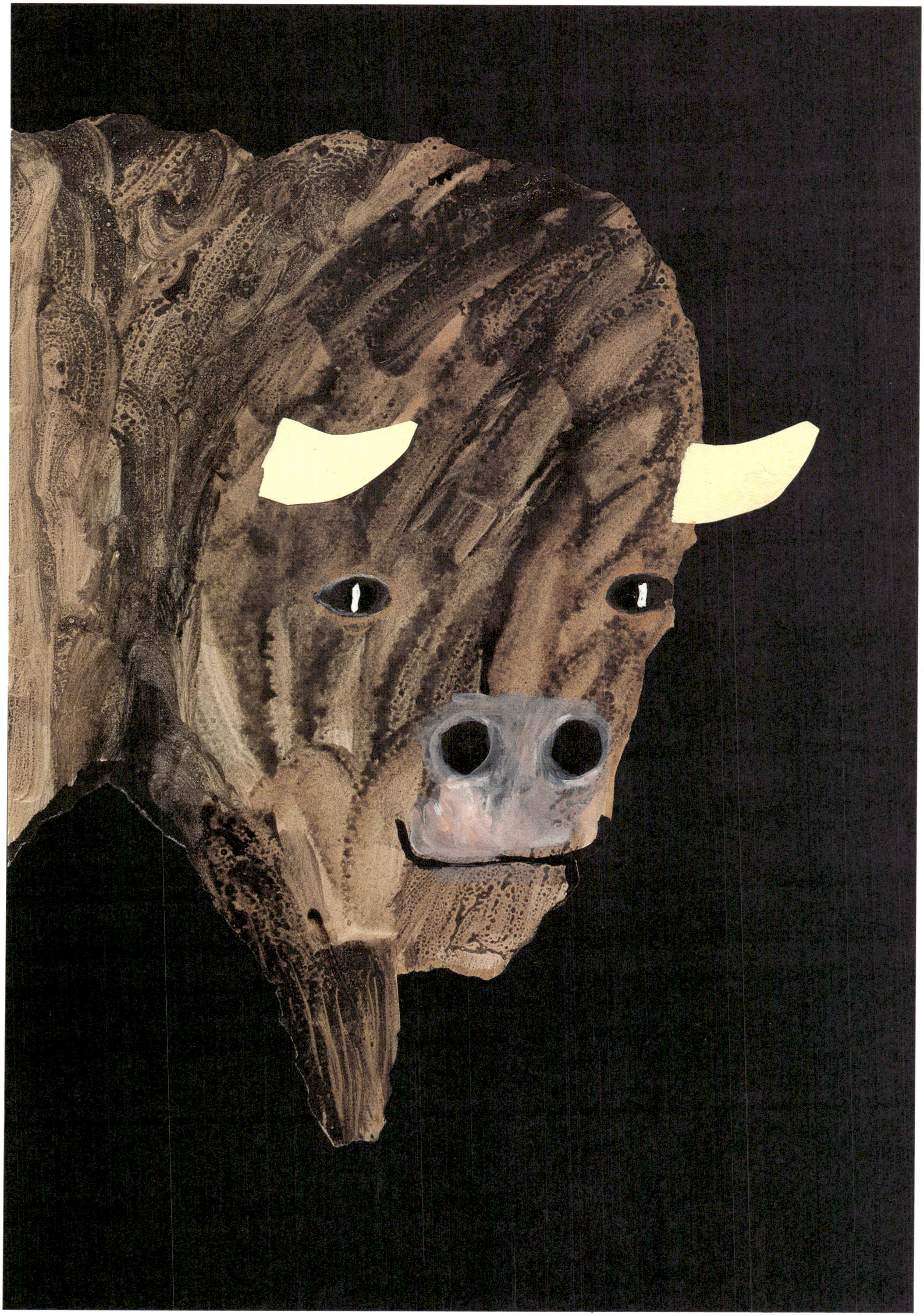

111

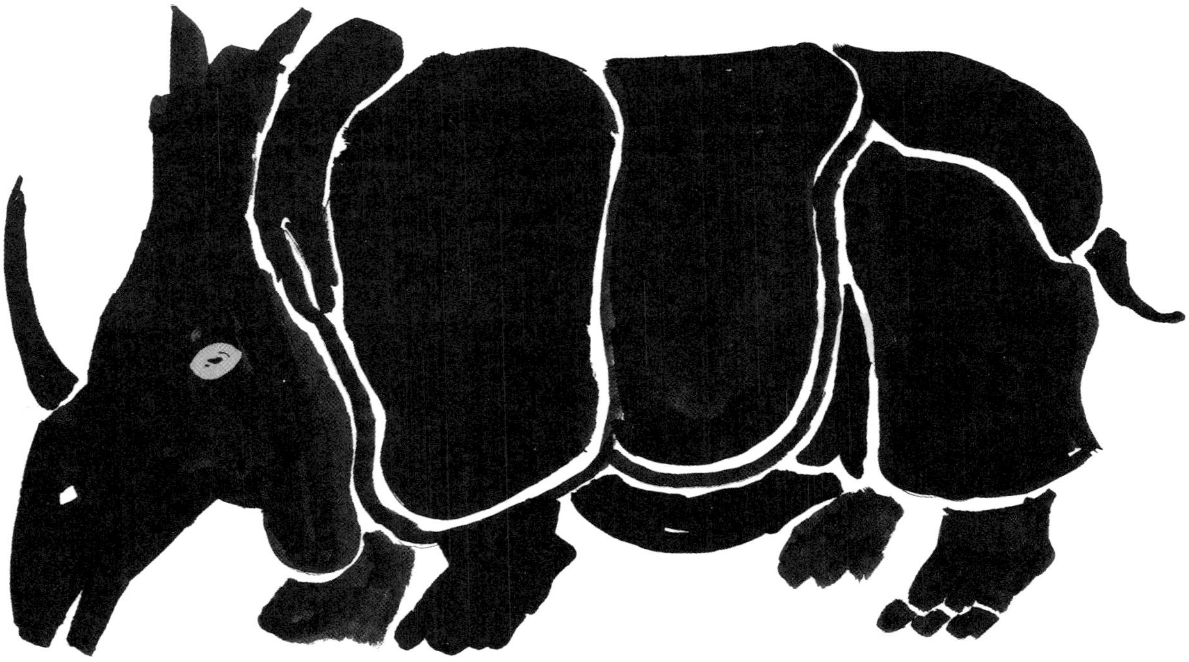

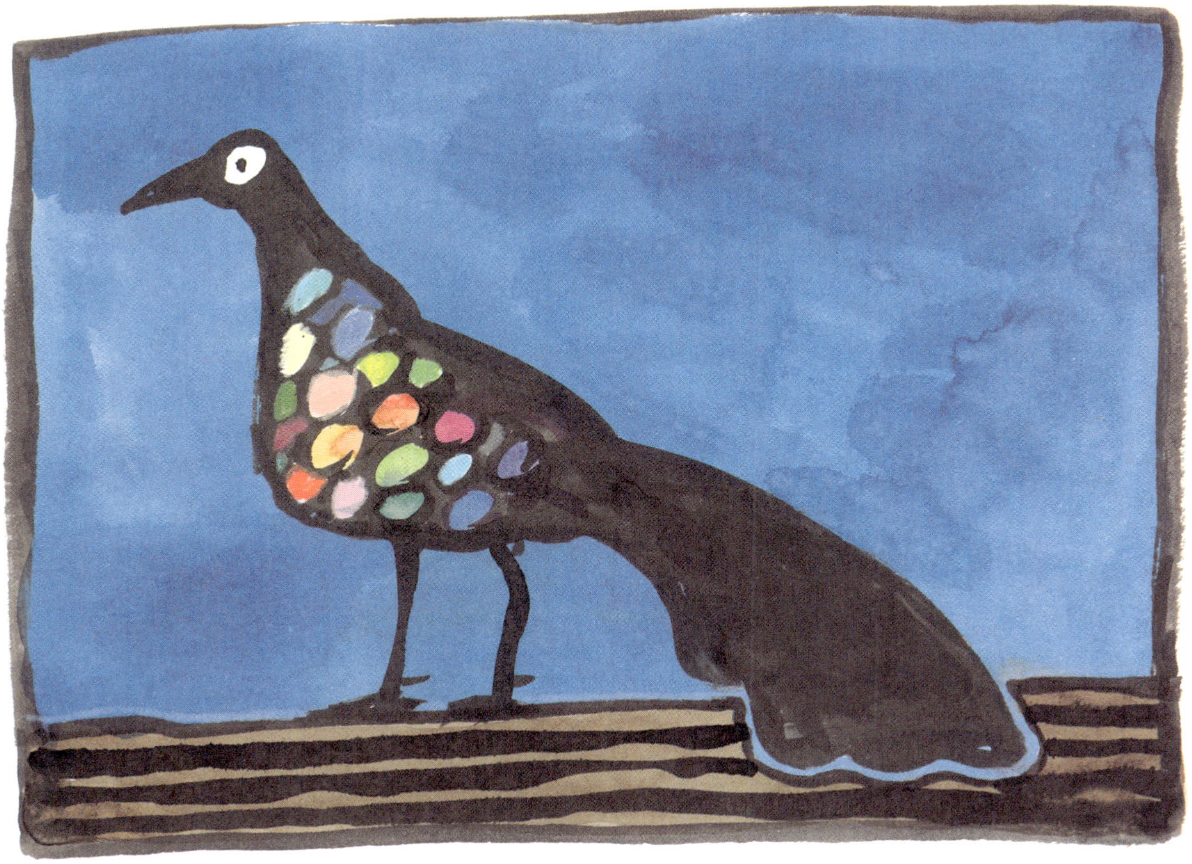

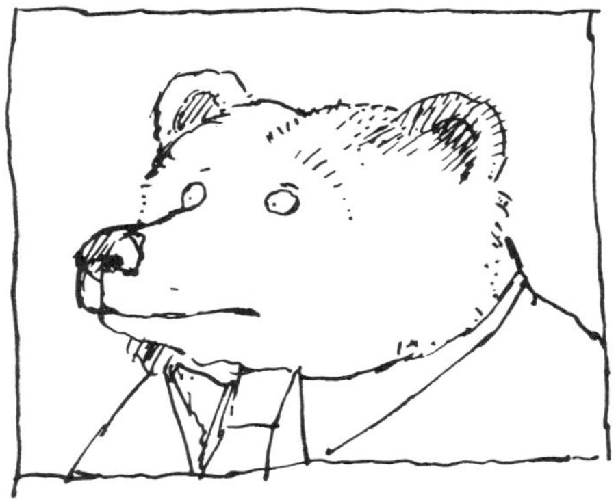
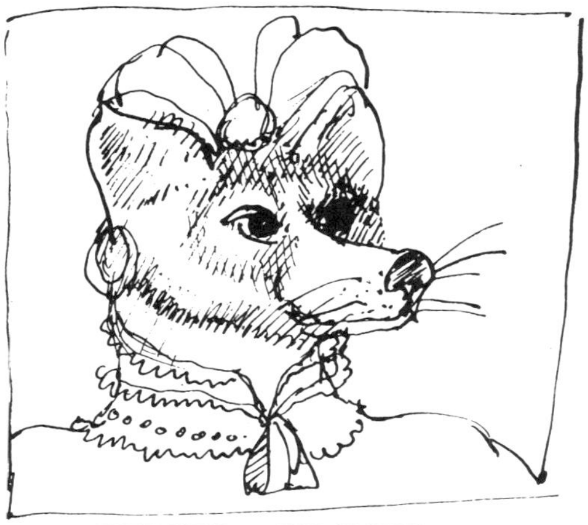
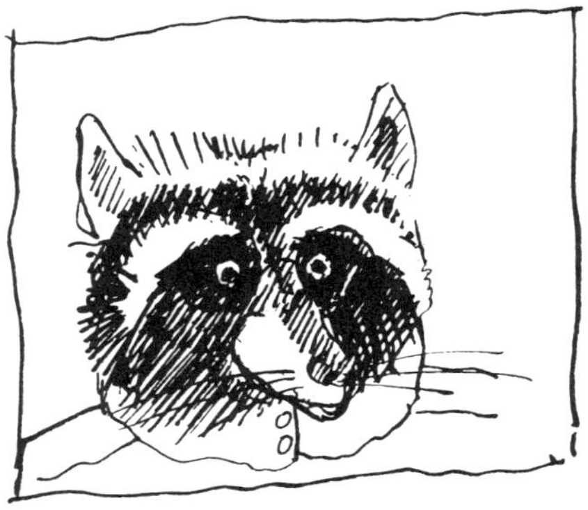
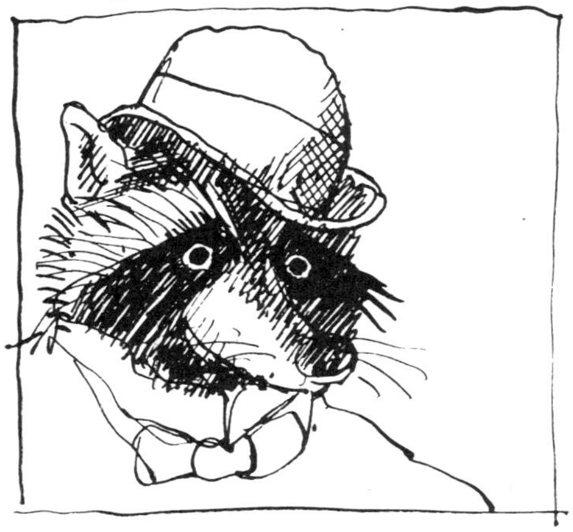
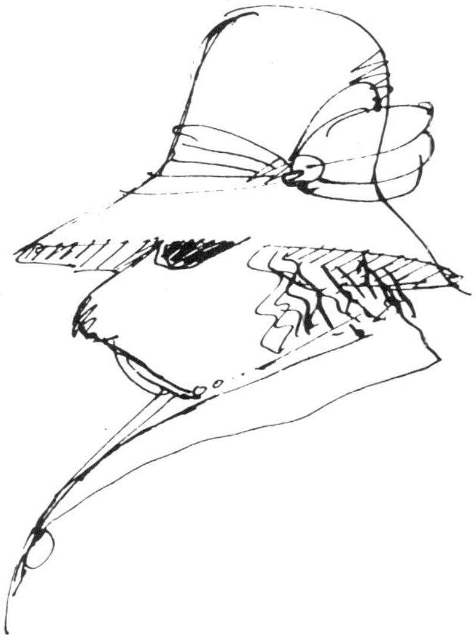
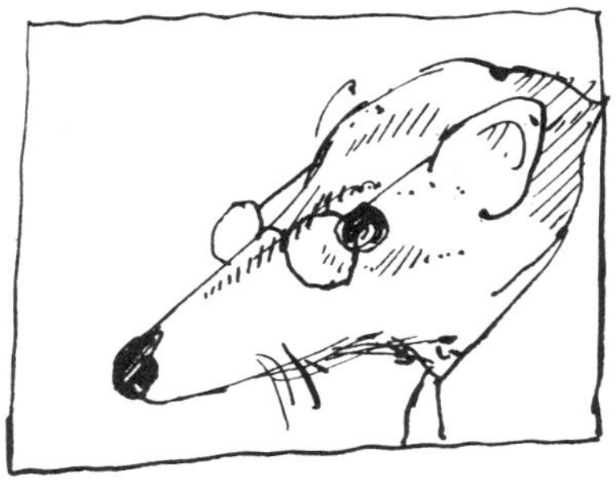
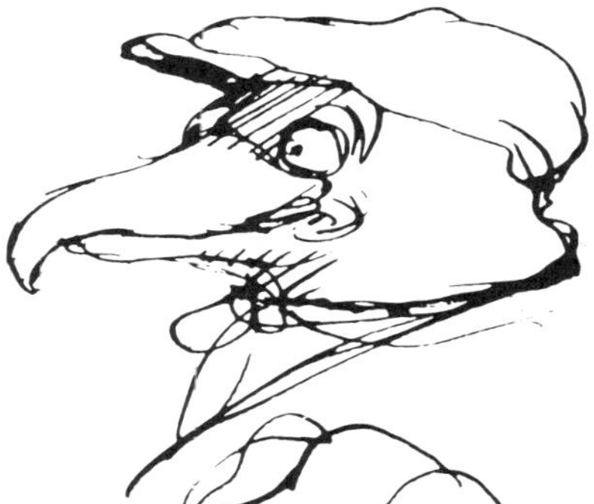
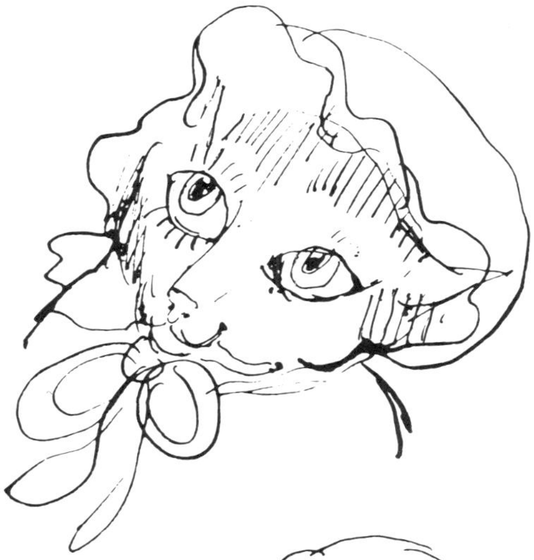
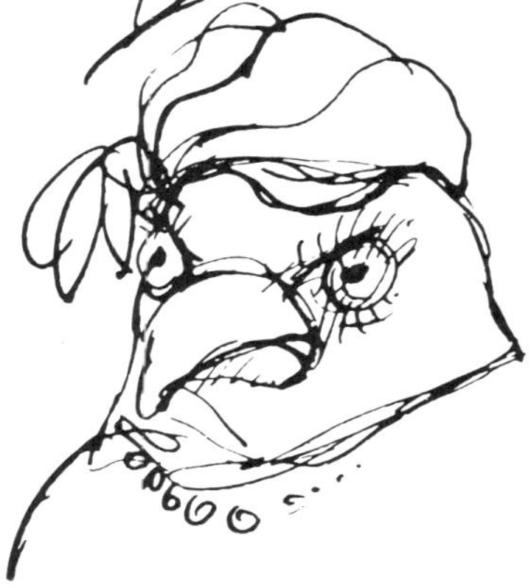
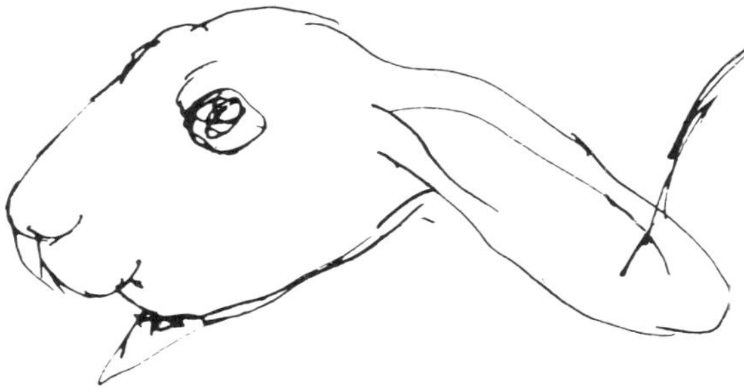
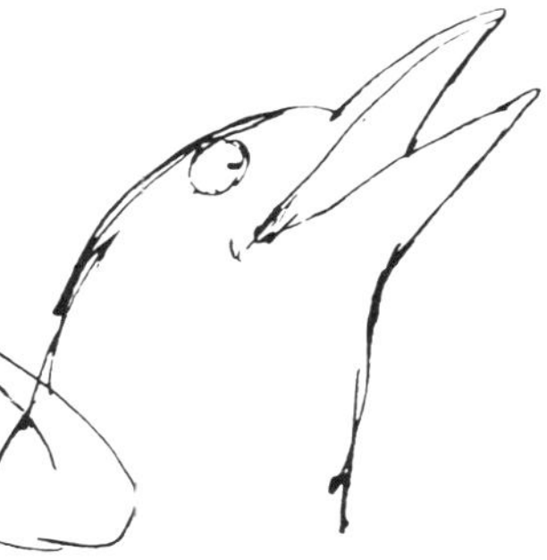

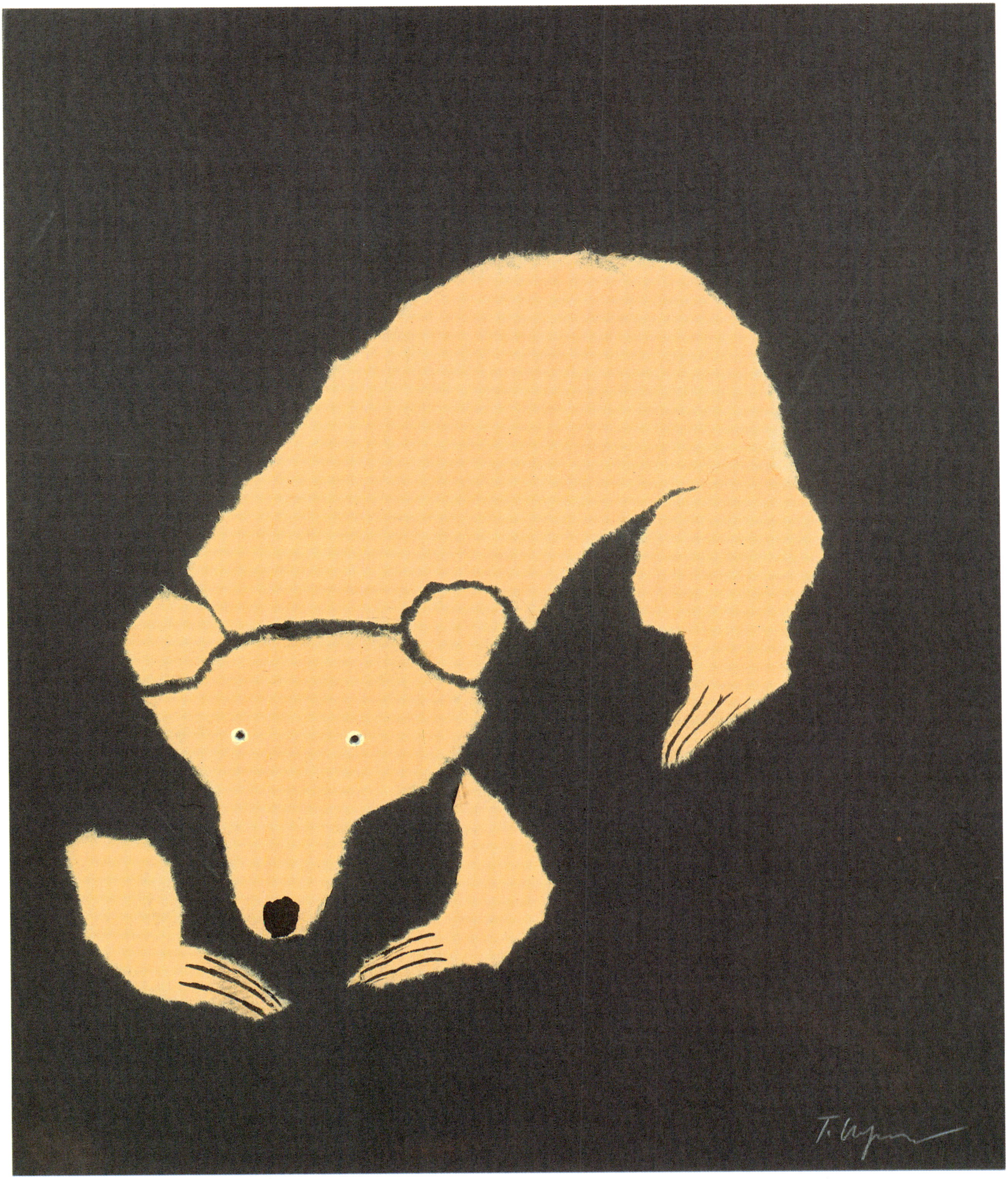

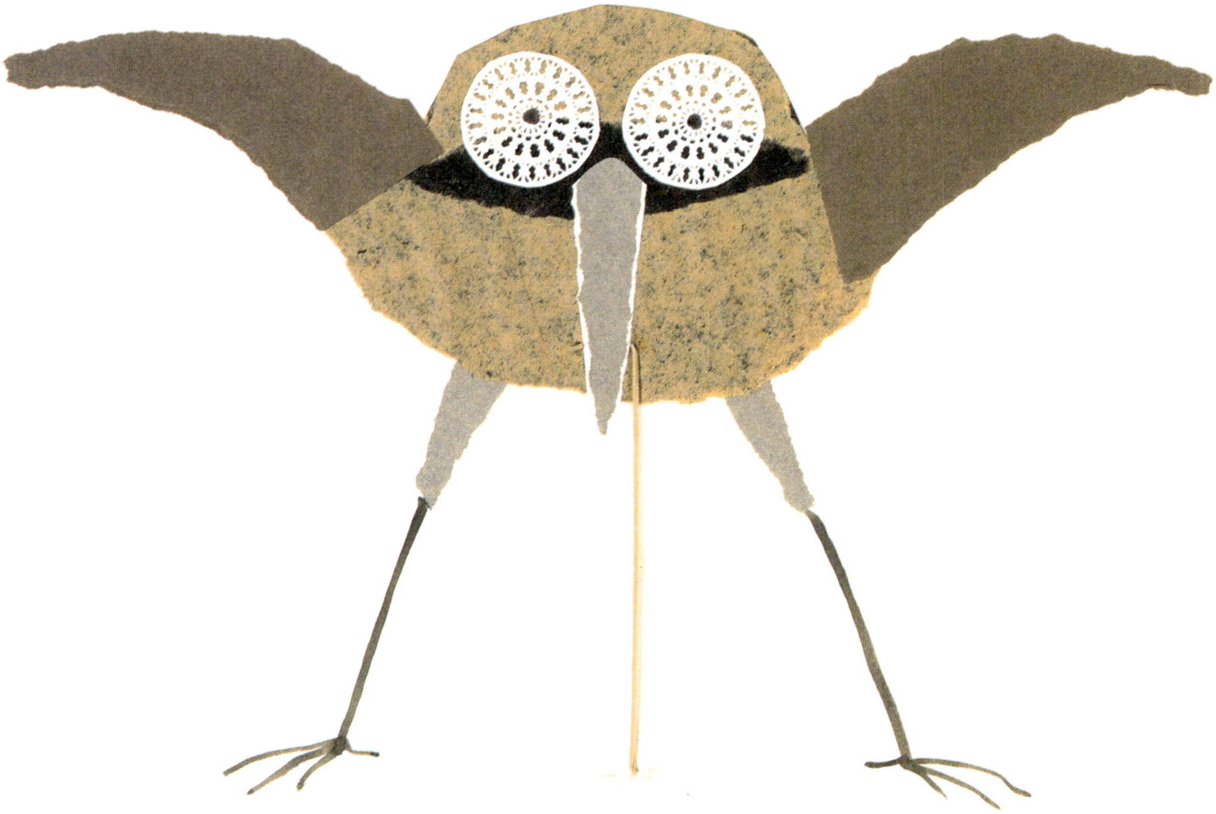

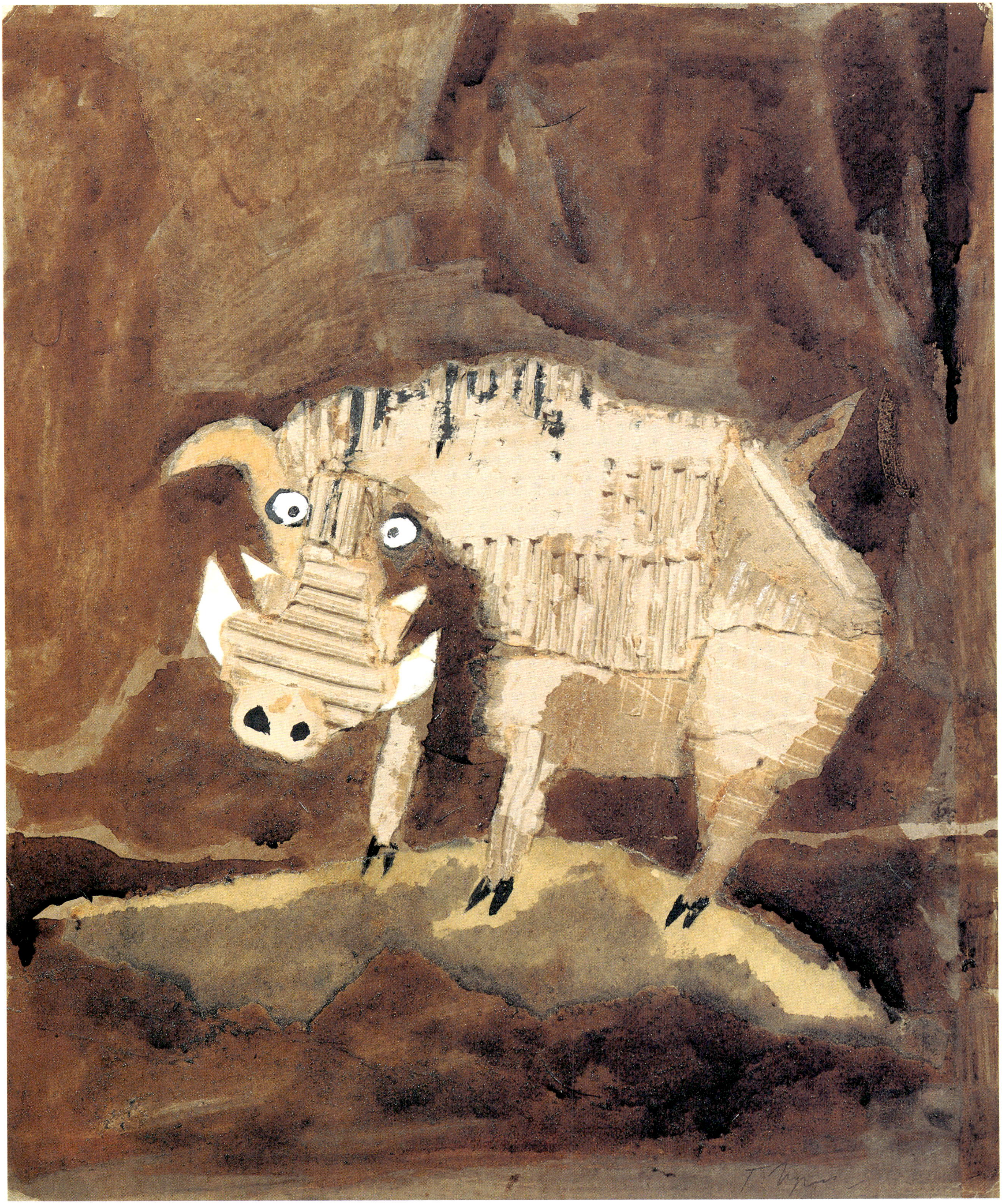

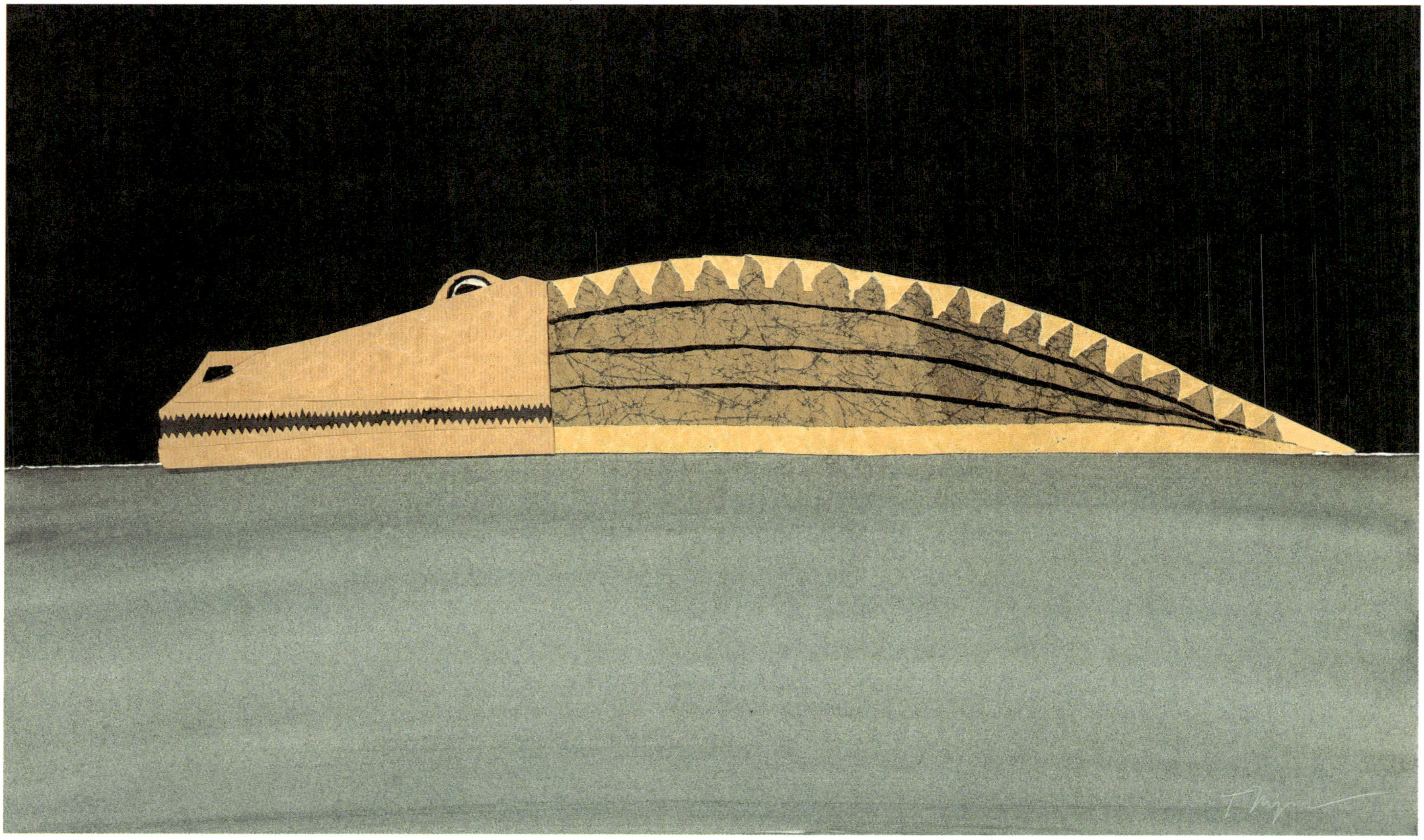

121

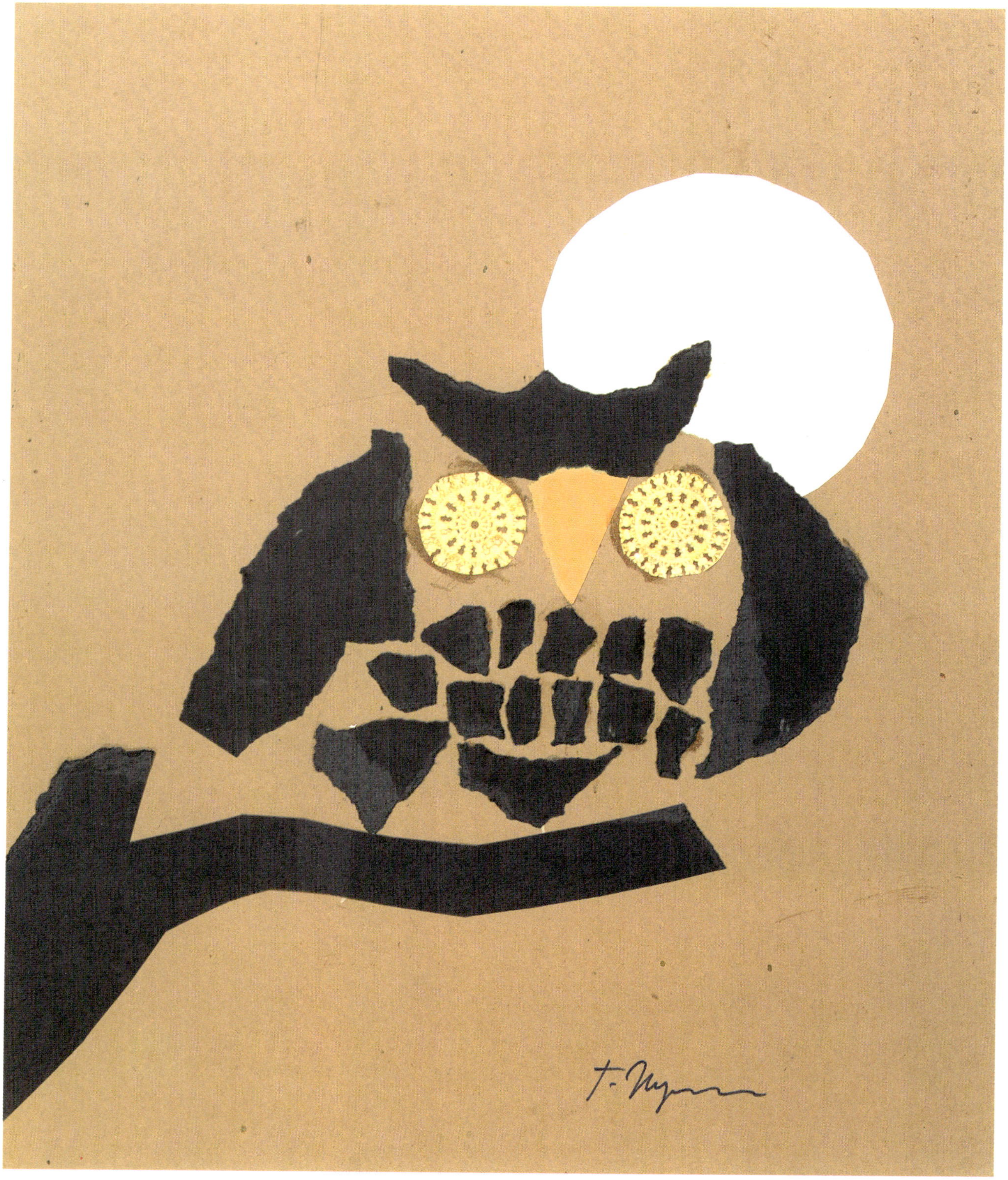

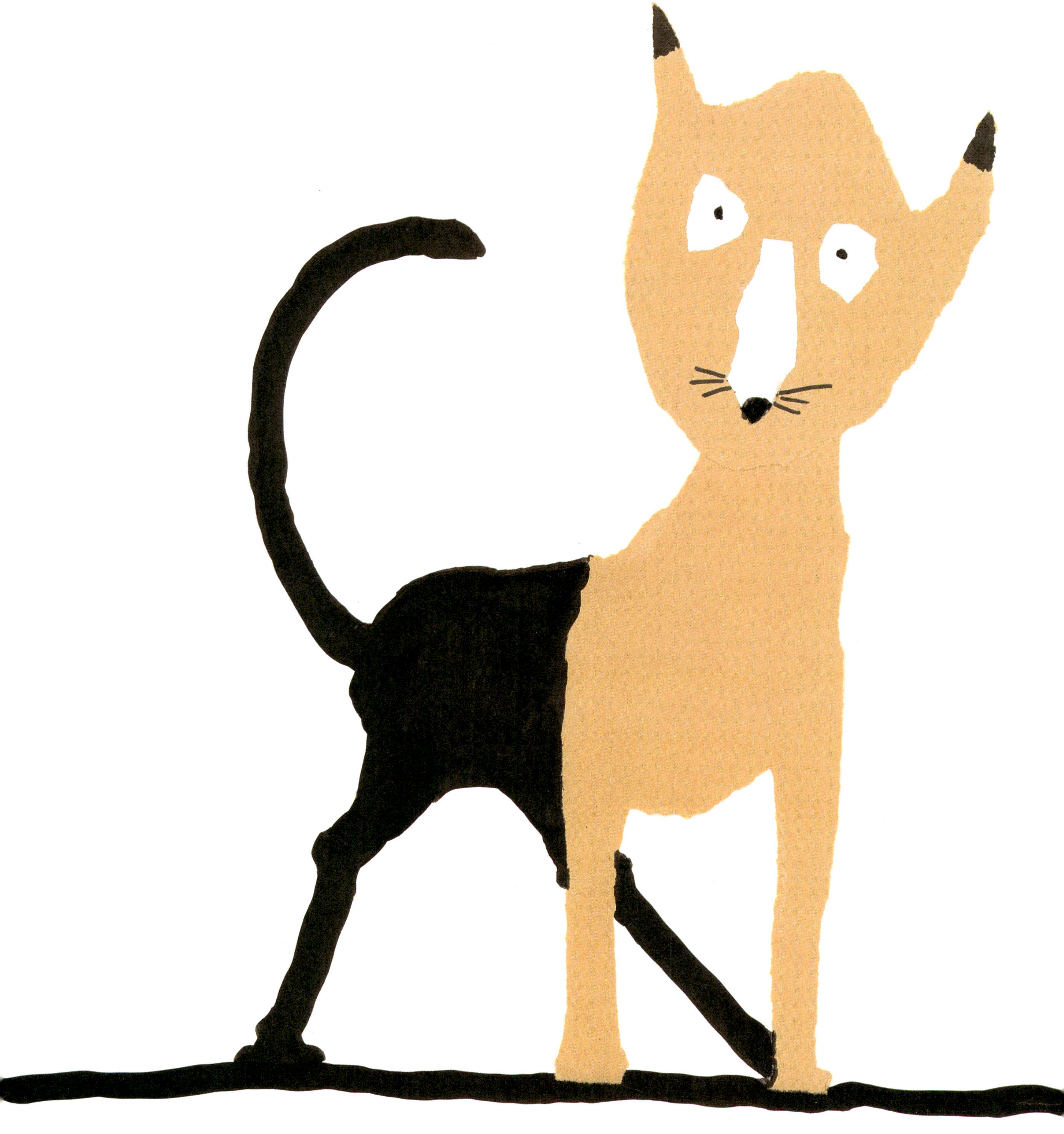

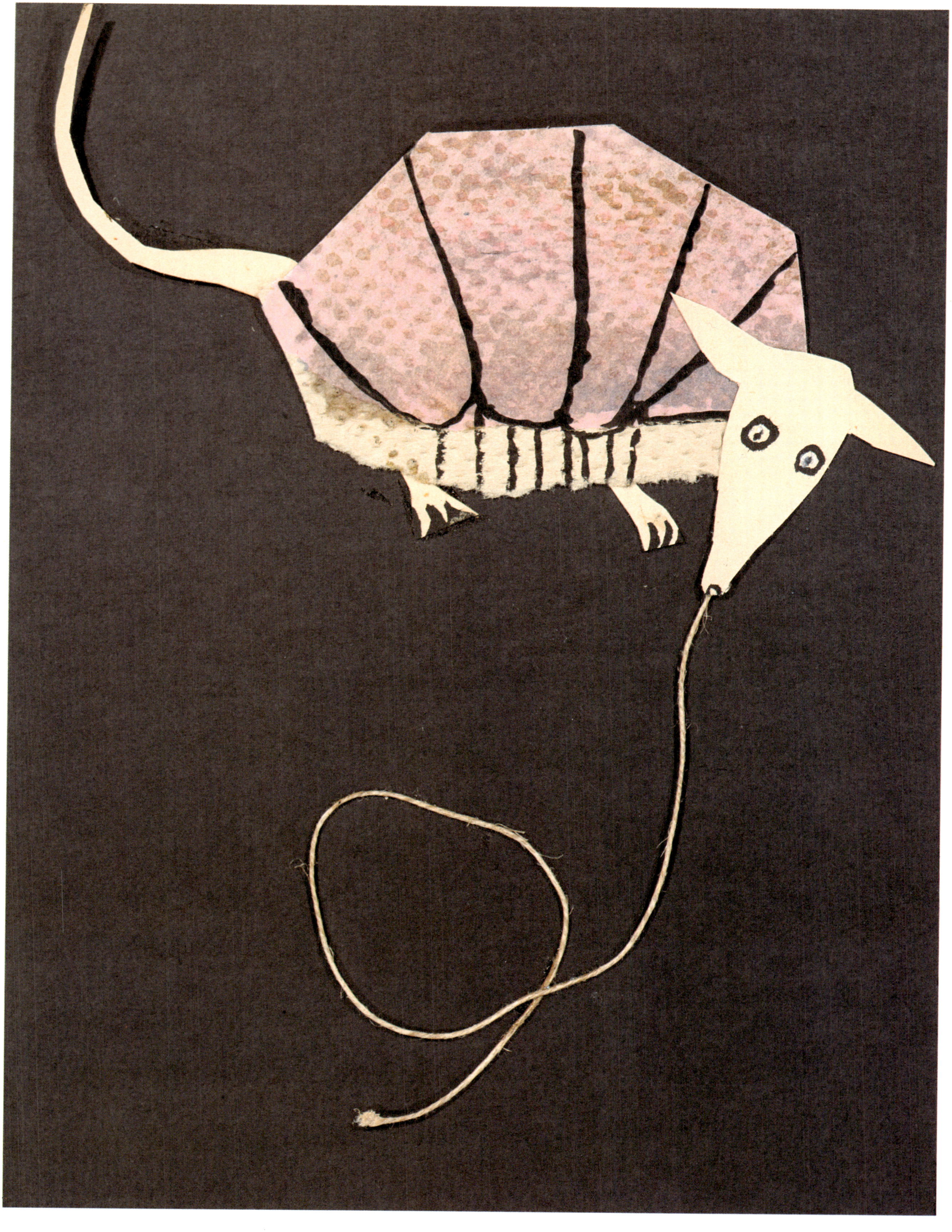

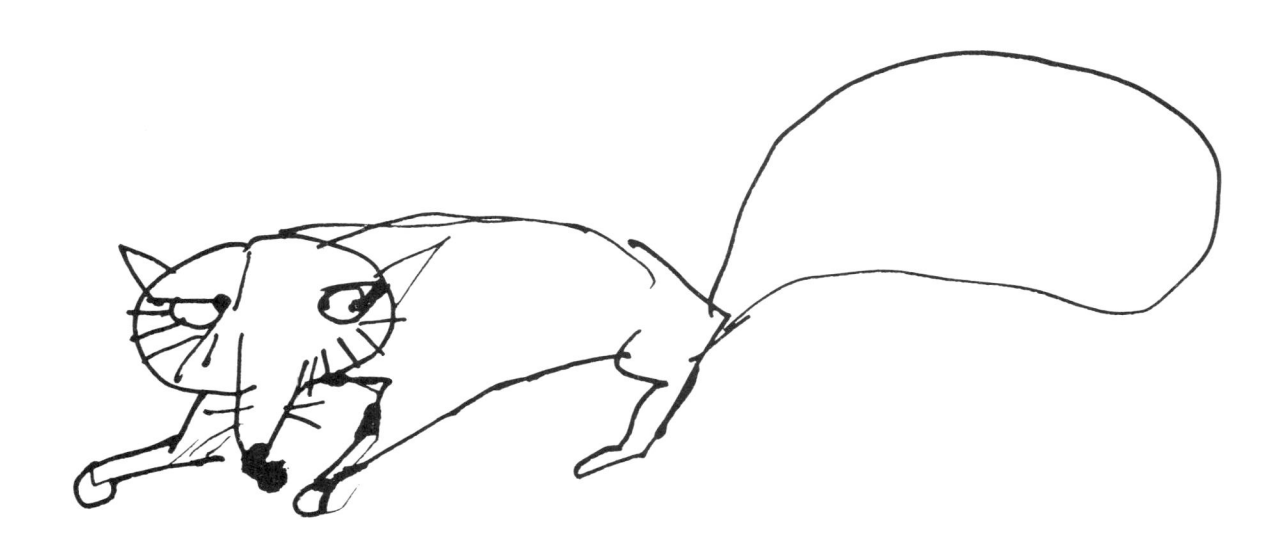

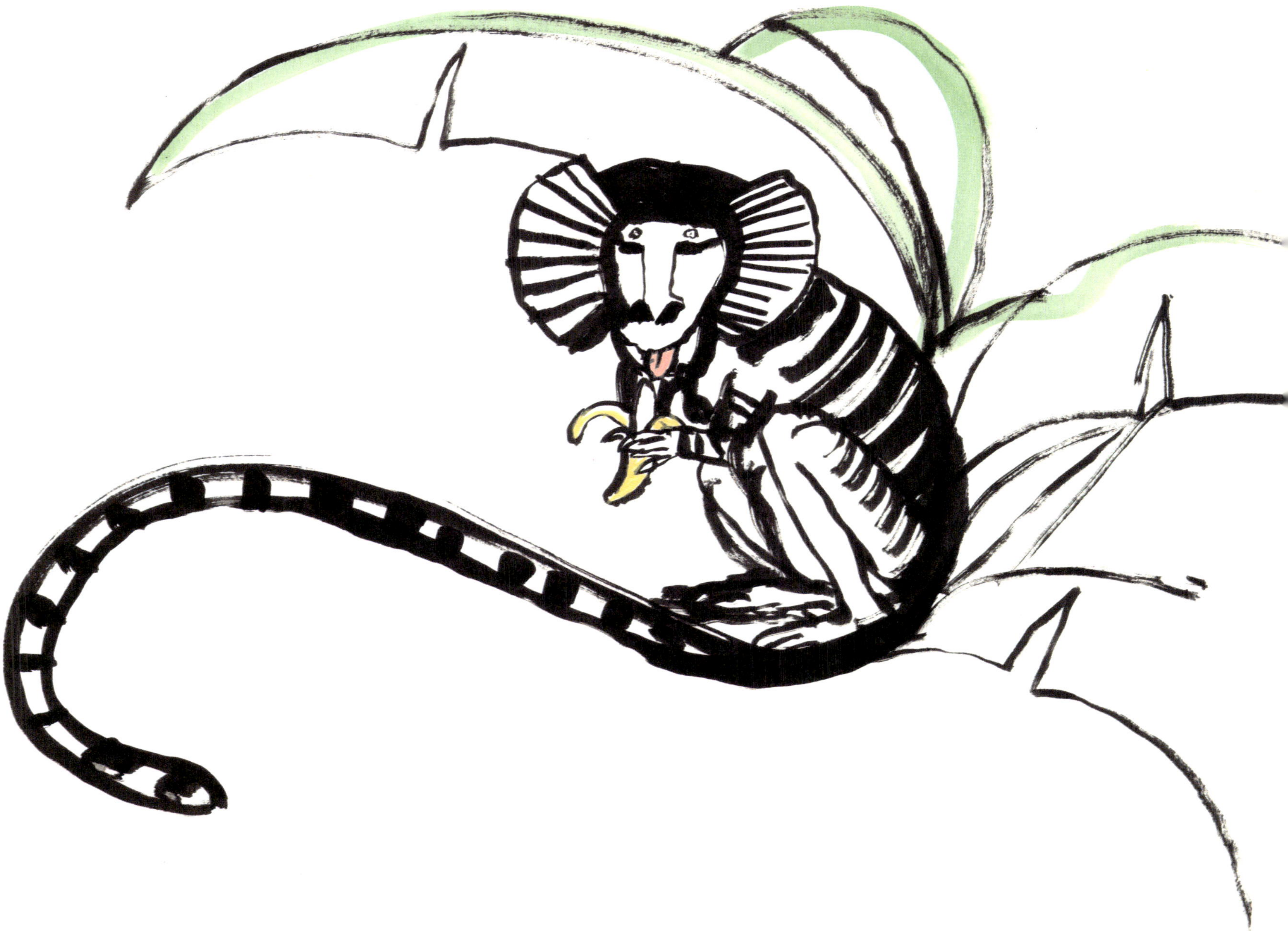

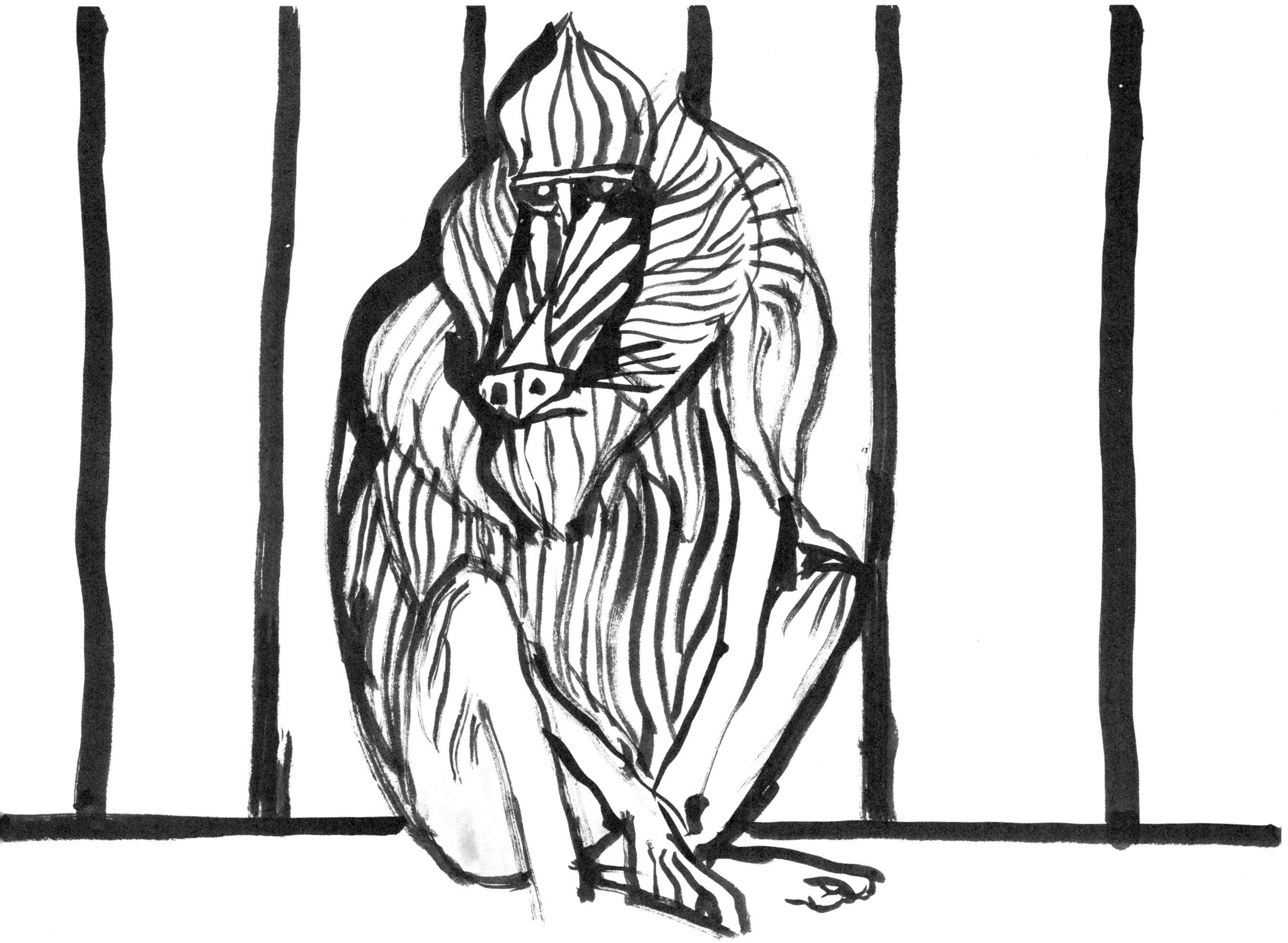

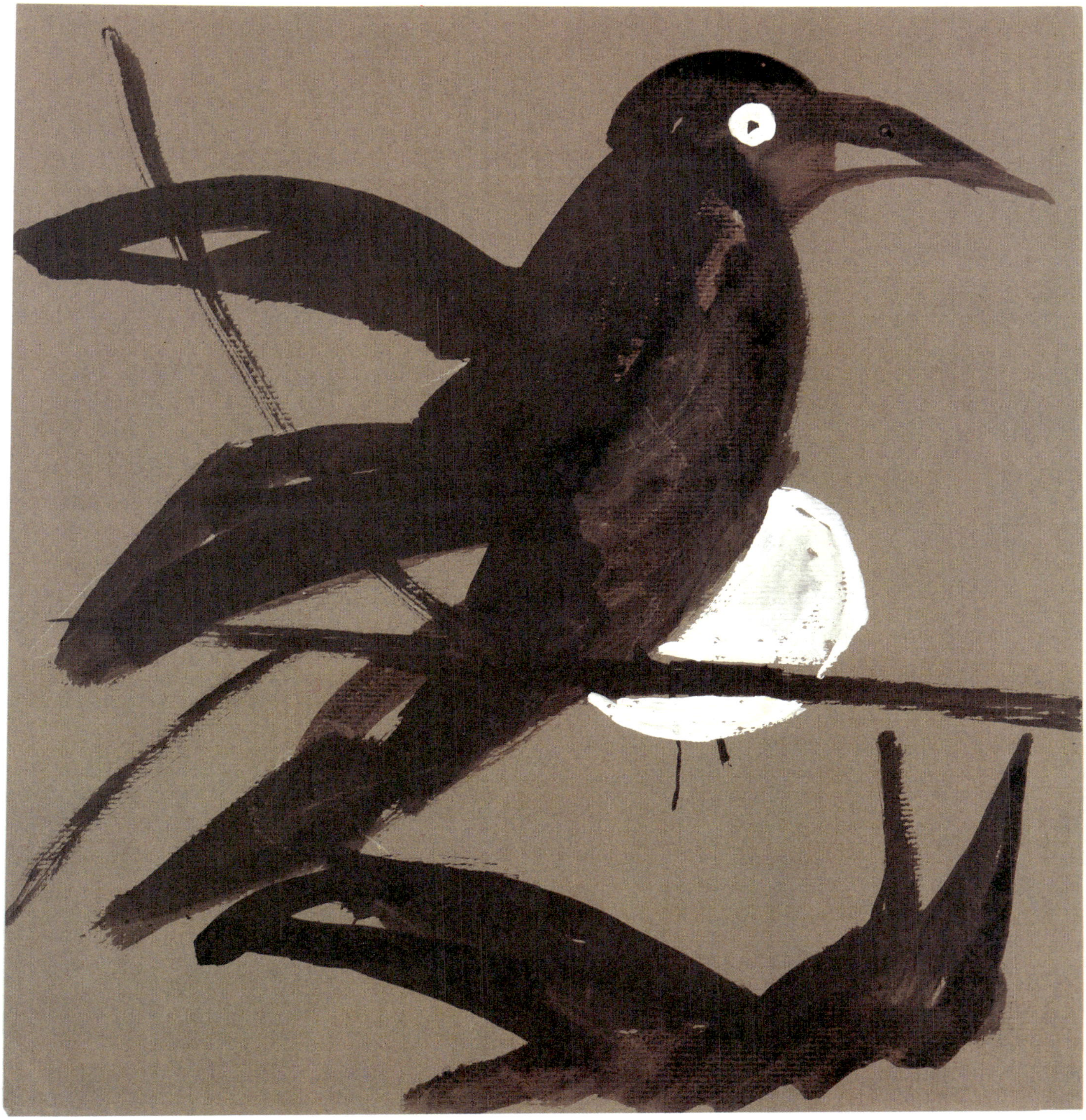

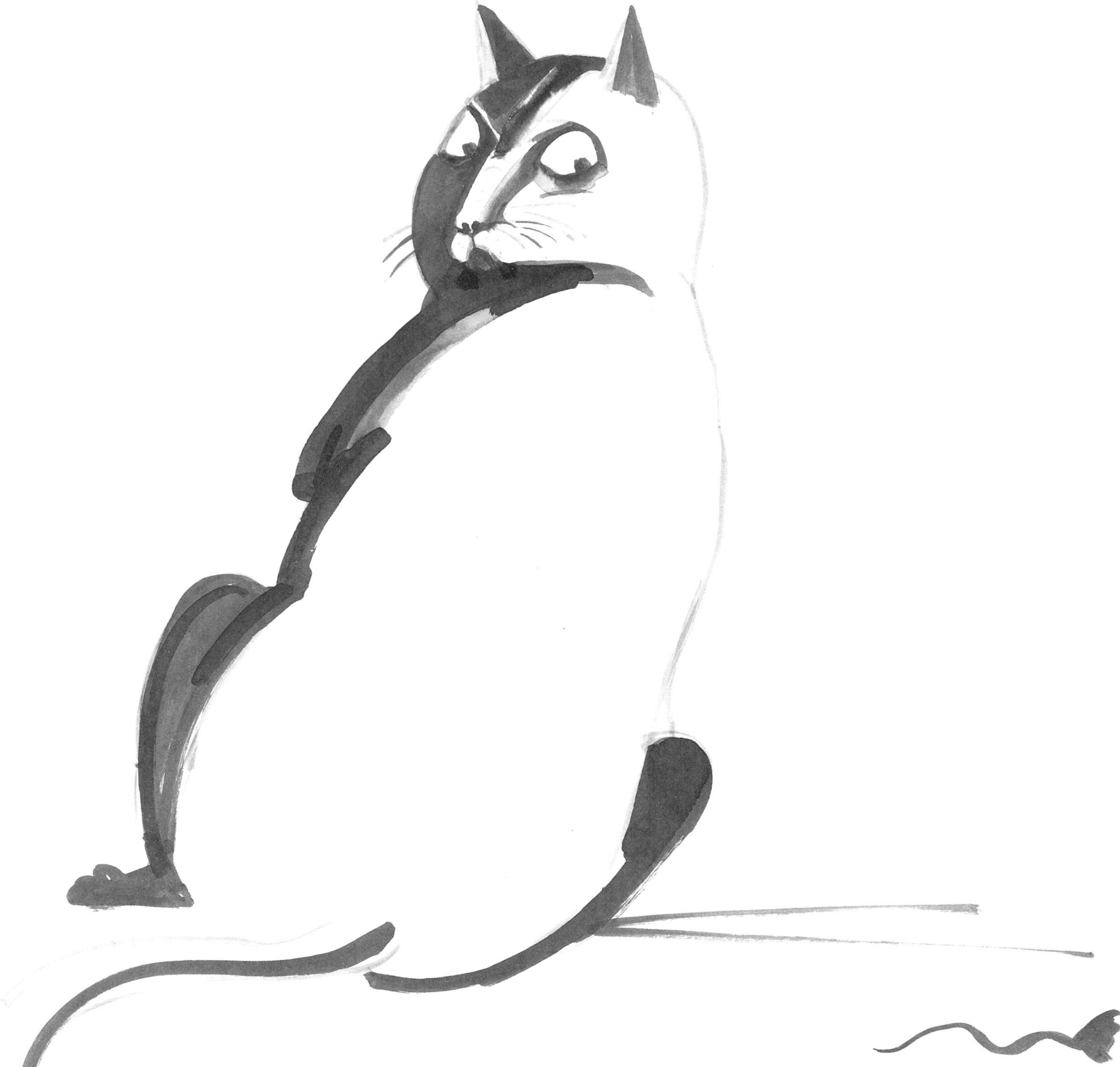

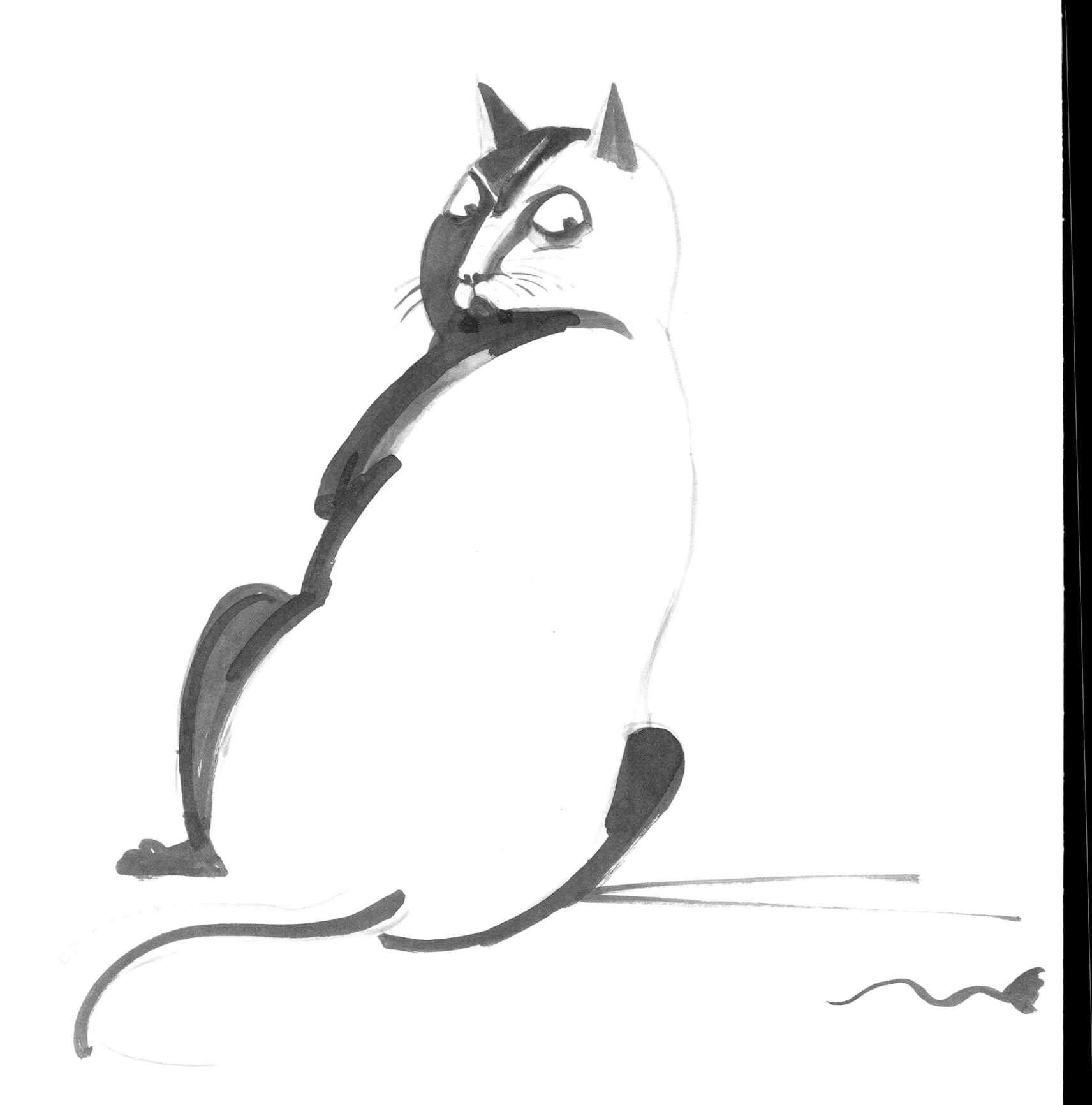

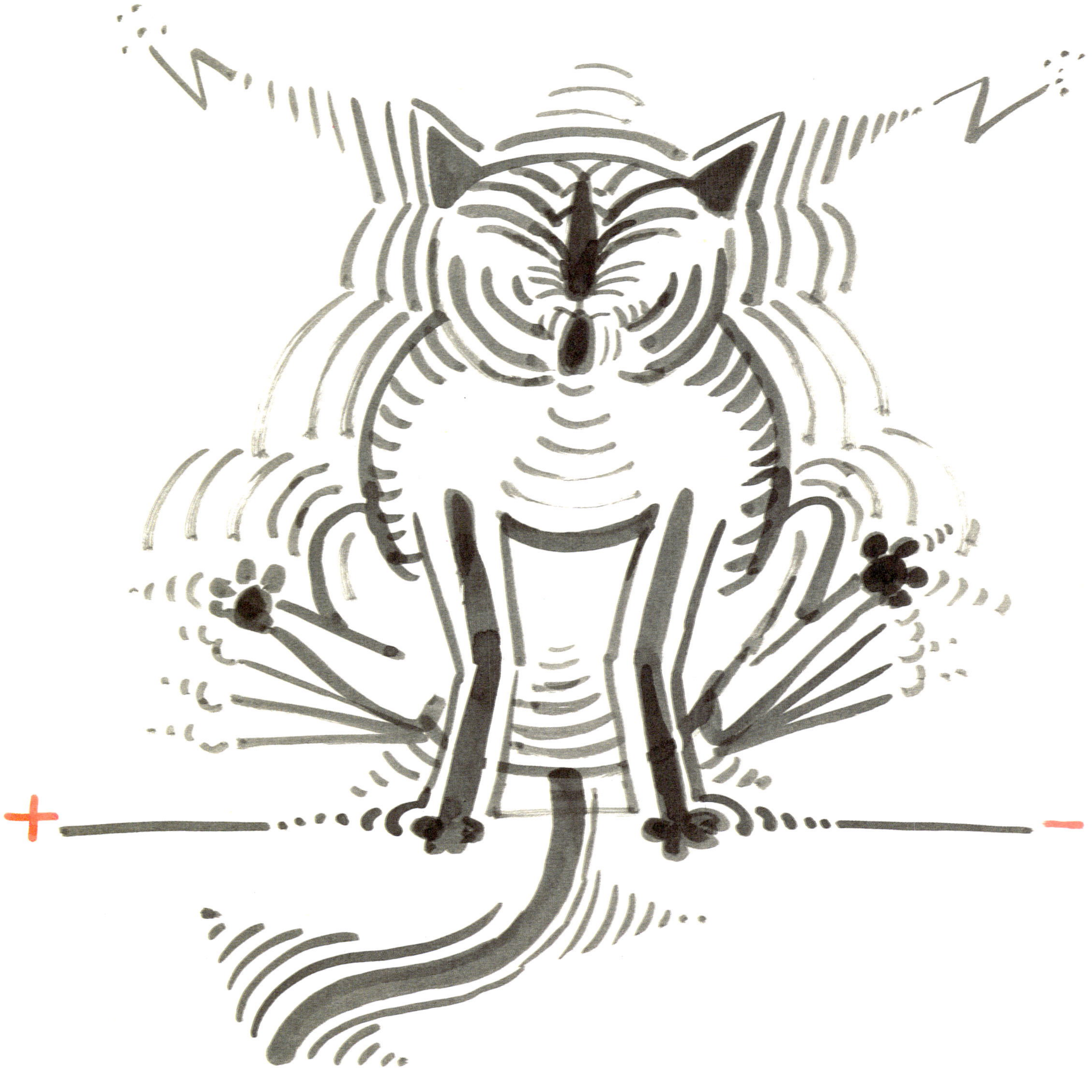

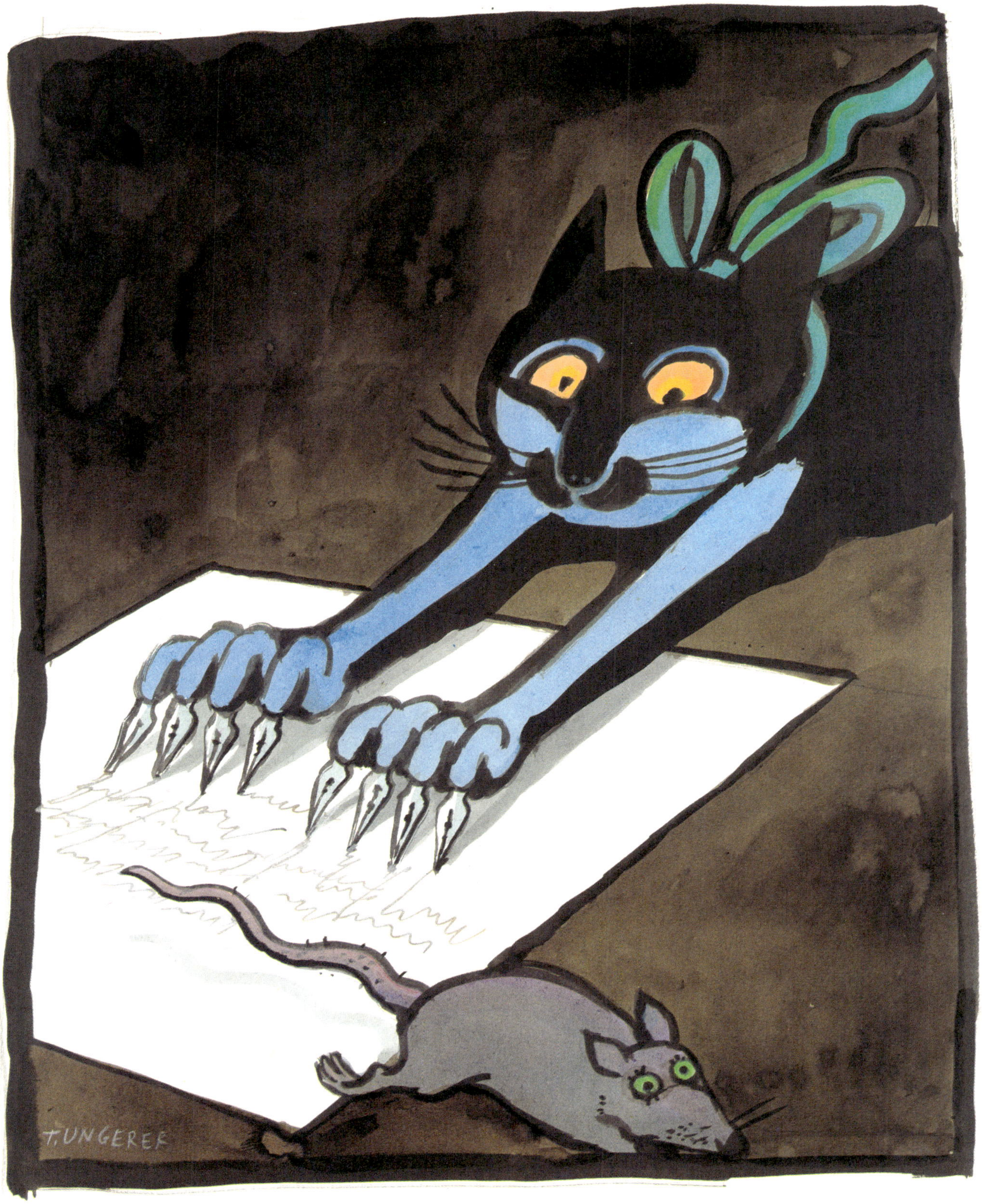
T. UNGERER

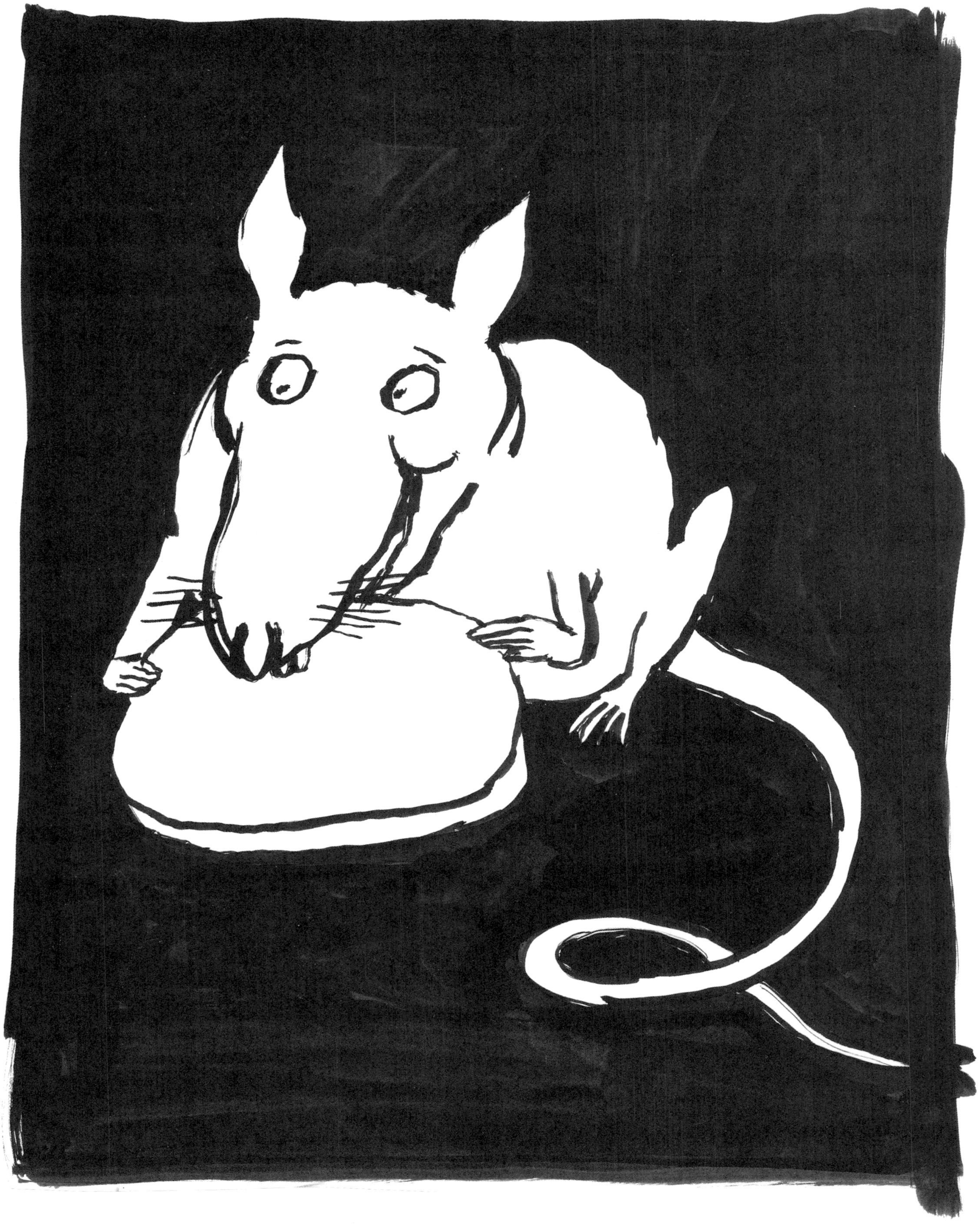

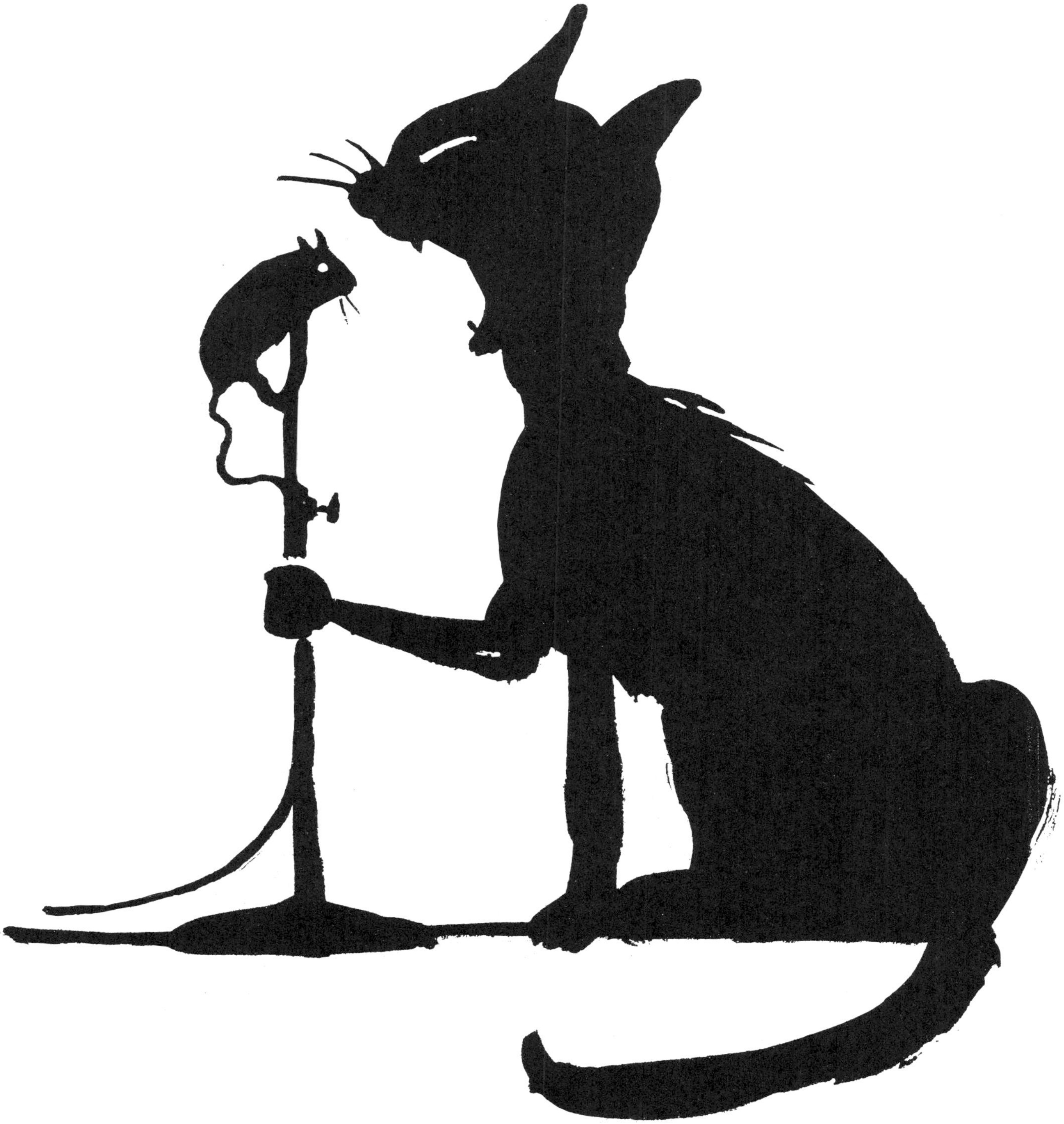

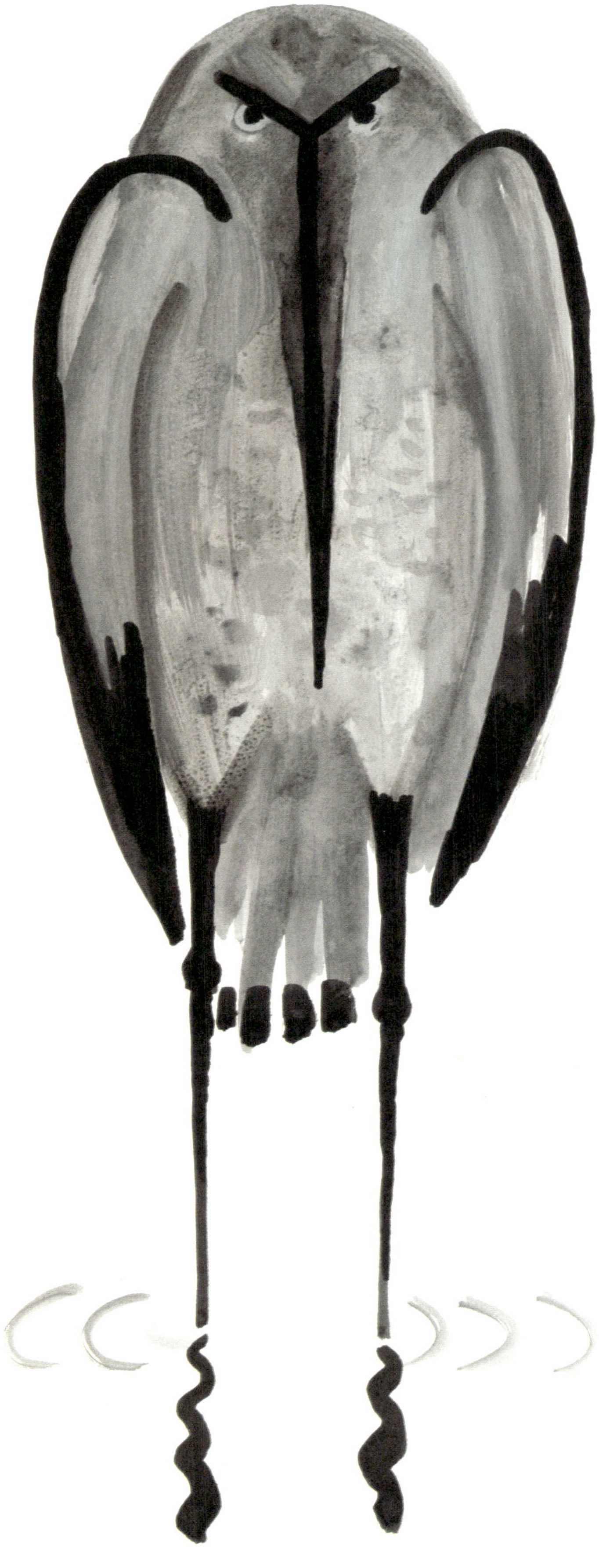

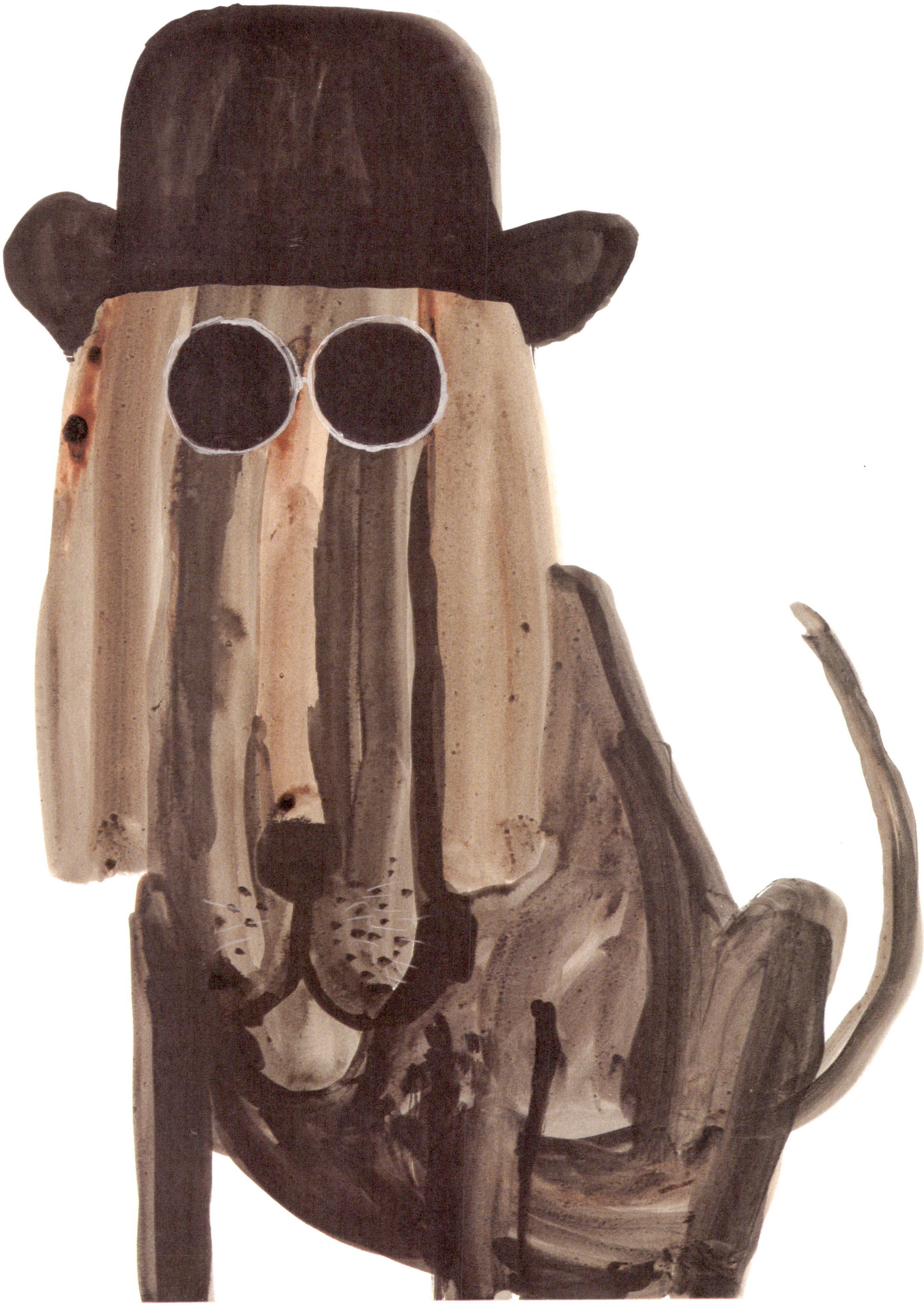

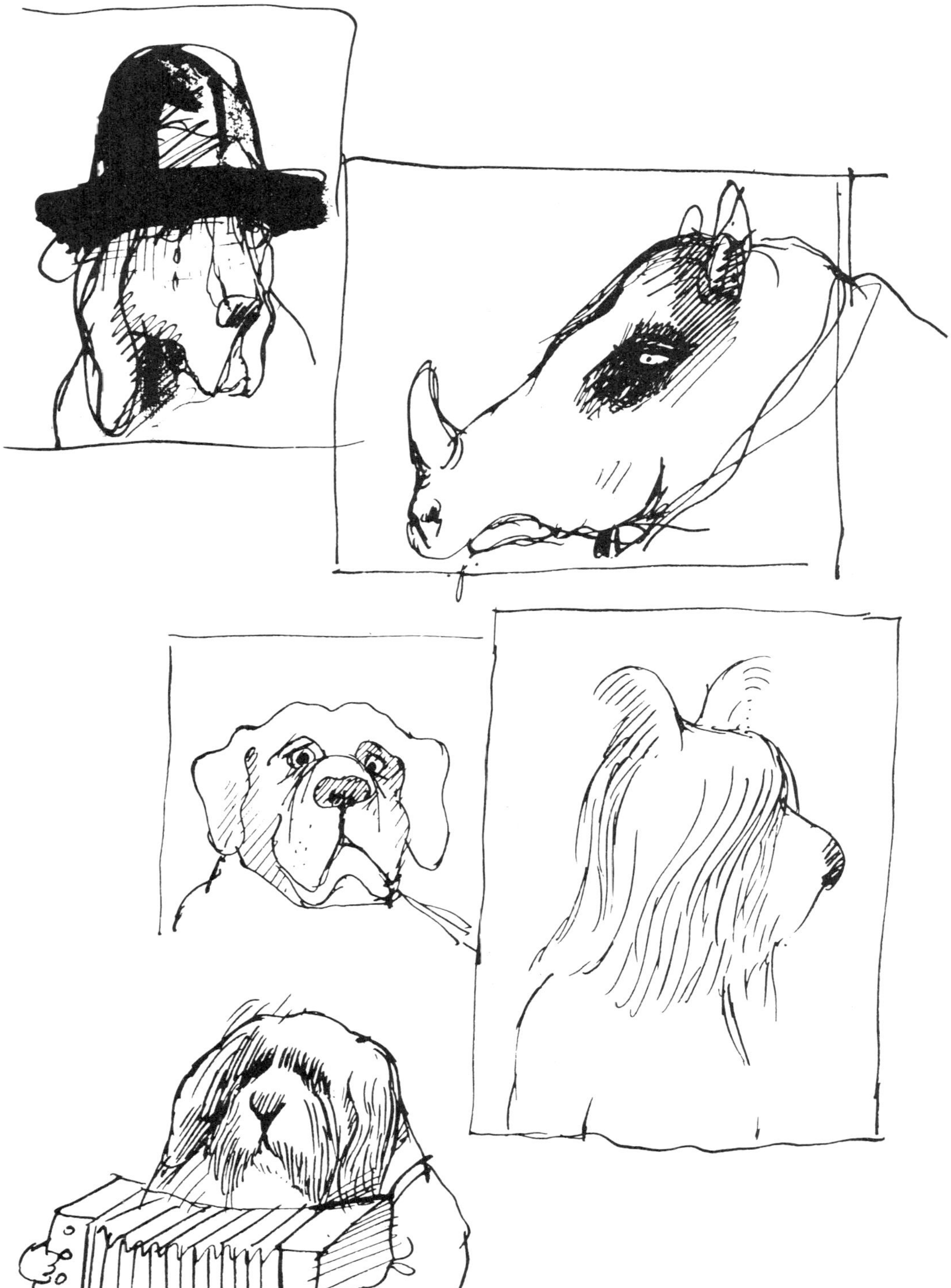

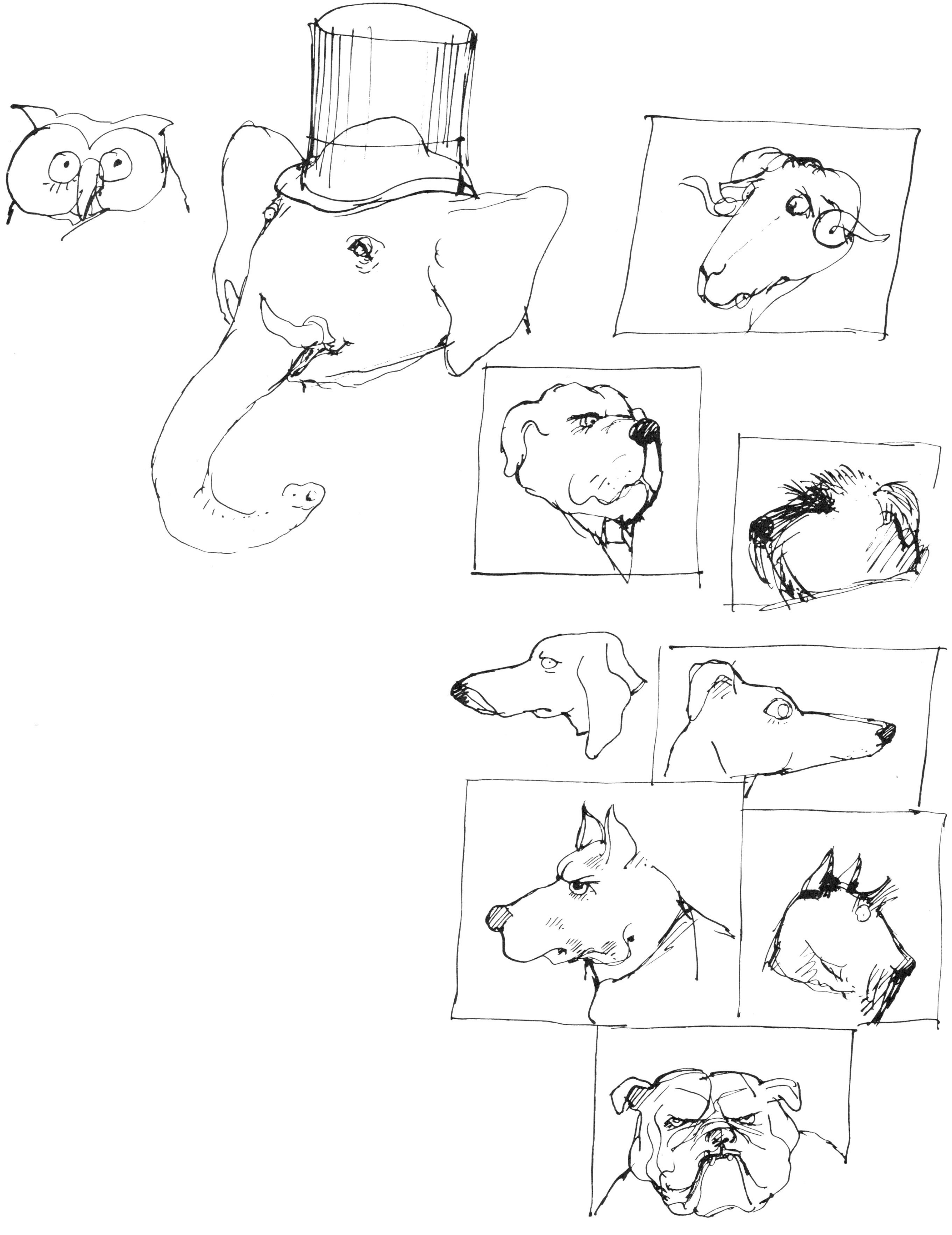

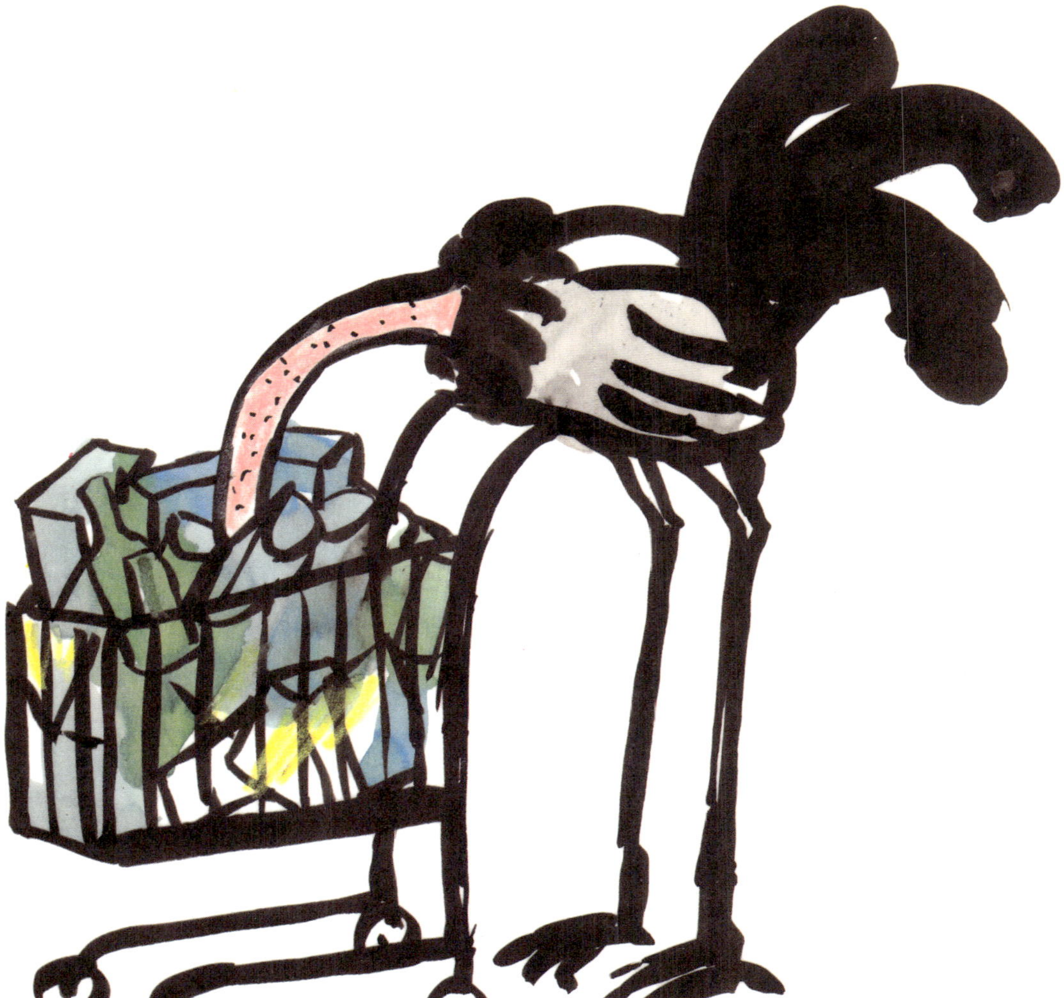

Hausbücher im Diogenes Verlag

»Diese Bücher sind Hausbücher,
das heißt, sie wollen wieder und wieder
zur Hand genommen werden,
wollen Grundstock kindlicher Bildung sein.«
Frankfurter Allgemeine Zeitung

Das große Märchenbuch

Die 100 schönsten Märchen aus Europa.
Gesammelt von Christian Strich. Mit über
600 Bildern von Tatjana Hauptmann.

»Die außergewöhnlichste Märchensammlung, die es je gab – eine wundervolle Welt der Farben und der Phantasie.«
Schweizer Illustrierte, Zürich

Das große Buch der Kinderreime

Die schönsten Kinderreime aus alter und neuer Zeit, Auszählverse, Spielgedichte, Abzählreime, Versteckstrophen, Kinderlieder, Schüttelreime, Rätselsprüche, aufgesammelt sowie etliche neu dazuerfunden von Janosch und illustriert mit über 100 farbigen Bildern.

»Janosch, Deutschlands zärtlichster Zeichner, wird immer besser, immer poetischer, immer konsequenter.«
Titel, München

Rasputin

Das Riesenbuch vom Vaterbär. Sechsundsechzig Geschichten aus dem Familienleben eines Bärenvaters, erzählt und gemalt von Janosch.

Ein prachtvolles Album mit Rasputin, der so ist wie dein Vater, wie unser aller Vater. Rasputin ist der Vaterbär dieser Welt.

Das große Liederbuch

Über 200 deutsche Volks- und Kinderlieder aus dem 14. bis 20. Jahrhundert, gesammelt von Anne Diekmann unter Mitarbeit von Willi Gohl. Alle im Originaltext und in der Originalmelodie. Illustriert mit über 150 bunten Bildern von Tomi Ungerer.

»In seinem *großen Liederbuch* hat Tomi Ungerer die schönsten deutschen Volksweisen mit sanfter Ironie und zärtlicher Erinnerung an seine Kindheit bebildert.«
Stern, Hamburg

Das große Buch der kleinen Tiere

Elf Geschichten von kleinen Tieren für große und kleine Menschen von Bernhard Lassahn mit Bildern von Tomi Ungerer.

Fabelhafte Geschichten, und doch nicht Fabeln im traditionellen Sinne: Die alte, fast schon versunkene Welt der Tiere, die Erinnerung an die Zeit, als die Tiere noch ›Gevatter‹ waren, steht der Welt der Supermärkte und Videorecorder gegenüber.
Geschichten zum Vorlesen und Selberlesen, Geschichten auch zur Guten Nacht.